GUIDE PRATIQUE
DE LA RÉDACTION ADMINISTRATIVE

CONTÉ Alassane

GUIDE PRATIQUE DE LA RÉDACTION ADMINISTRATIVE

Préface de Mamady Condé

© L'Harmattan, 2012
5-7, rue de l'Ecole-Polytechnique, 75005 Paris

http://www.librairieharmattan.com
diffusion.harmattan@wanadoo.fr
harmattan1@wanadoo.fr

ISBN : 978-2-296-96729-8
EAN : 9782296967298

Préface

Ce manuel est le fruit de la réflexion, d'un jeune diplomate chevronné et rompu à la technique de la rédaction administrative.

Son livre très didactique et très complet est un véritable bréviaire pour tous ceux qui veulent rédiger une bonne correspondance administrative moins touffue et confuse, mais reposant sur des termes appropriés pour mieux se faire comprendre de l'autre.

Le respect de la hiérarchie, le sens de la responsabilité et la neutralité qui constituent les trois piliers essentiels d'une bonne rédaction administrative, sont très bien explicités dans ce livre qui est à coup sûr un véritable outil dans l'univers des administrateurs. Le jeune **CONTÉ Alassane** en fin diplomate nous fait voyager par des schémas clairs, précis et concis dans les arcanes de l'écriture diplomatique tout en prenant appui sur toutes les techniques grammaticales. Ainsi de la formulation d'une note verbale, d'un mémorandum ou d'un procès verbal, l'auteur par un art consumé de la clarté met en exergue comment ponctuer dans un texte, comment ouvrir ou fermer une parenthèse, ou comment mettre entre guillemets une phrase, des crochets ou des tirets.

A la lecture du livre l'on améliore son vocabulaire qui s'enrichit véritablement de nouvelles connaissances qui permettent à tout un chacun de mieux appréhender les rapports administratifs dans une expression judicieuse.

En bravant le sommeil, les difficultés liées à la recherche académique, ou le manque de moyens matériels adéquats, le jeune **CONTÉ Alassane** nous invite à la réflexion profonde et n'a nullement la prétention d'offrir dans ce livre des remèdes magiques au déficit culturel de chacun.

Dans ce livre, le lecteur ne trouvera guère de littérature abondante et insipide. Mais plutôt des schémas cohérents, explicatifs à l'intention de tous ceux qui ont pour mission d'exprimer par l'écriture leur point de vue autour des différents concepts qui fondent le monde d'aujourd'hui.

Nous demeurons convaincu qu'au regard de la qualité du travail abattu par l'auteur, que ce document fera un véritable tabac dans les rayons pour le bonheur de tous.

Mamady CONDE
Ancien Ministre d'Etat chargé des Affaires étrangères
et de la coopération internationale de la République de Guinée

Je dédie cet ouvrage à ma regrettée fille Kadiatou CONTE, décédée le 11 août 2011 à l'âge de 4 ans 5 mois à l'hôpital Ignace Deen de Conakry. Que son âme repose en paix. Amen !

Ma fille !

Toi qui as passé des nuits et des jours à mes côtés
Toi qui m'as aimé de toutes tes forces
Toi qui as nourri un espoir secret pour papa et maman
Toi qui as nourri des sentiments particuliers pour ton papa "Papouli"
Dors, dors bien en paix dans le paradis céleste ! Amen !

CONTÉ A.

Introduction

Par rédaction administrative, on entend tout écrit véhiculant l'information, soit à l'intérieur d'une même administration à l'intention des administrés, soit entre des administrations différentes.

Sans nul doute, la rédaction en général, et celle de l'administration en particulier, n'est point chose aisée ; elle n'est pas non plus donnée à tout le monde. D'où l'importance du présent *Guide pratique de la rédaction administrative*.

Certes, les personnes souvent commises à ces tâches pourraient éventuellement éprouver le besoin de bénéficier d'une quelconque assistance.

Elles trouveront dans ce document des éléments utiles et un précieux outil de travail. Elles y consulteront quelques nuances de la hiérarchie dans la rédaction administrative, différentes formules d'appel, d'introduction de lettres, de refus à une requête, de politesse etc. de même que quelques tournures du vocabulaire administratif, conseils et recommandations aux rédacteurs.

Cet outil de travail est essentiellement destiné aux cadres qui ont pour mission de mettre en application la politique extérieure de l'Etat (diplomates), mais aussi, il peut être au service de tout autre agent de l'administration qui est dans le besoin de faire une rédaction.

Le rôle primordial de la correspondance étant de rentrer en contact avec autrui, il convient de noter que ce guide pratique est avant tout une esquisse au service des agents de l'Etat, des particuliers, bref de tous ceux qui ont charge d'accomplir l'une des plus délicates et exigeantes tâches, à savoir la rédaction. Il pourra aider le rédacteur dans la conception, l'agencement méthodique et la juxtaposition des différentes parties qui composent la rédaction.

Ce document de la rédaction administrative n'a la prétention ni d'être exhaustif, ni d'être parfait. Son auteur, diplômé de l'Université d'Etat de Kiev (UKRAINE), Faculté de Droit et de Relations internationales, spécialisé en Relations internationales (1985-1991), a estimé cependant qu'en tenant compte du niveau avancé des moyens de communication, d'information, de la science, de la technique et de la technologie, la tenue à portée de mains d'un tel outil de travail s'avère indispensable.

Le présent guide constitue la somme de travaux de rédaction que j'ai effectués lors de mon stage théorique et pratique au ministère guinéen des Affaires étrangères, Direction des affaires juridiques et consulaires, division juridique, section des accords, conventions et traités (de 1993 à 2003).

Les conseils, expériences et avis de certaines personnalités m'ont été d'un inestimable secours tout au long de la conception et de la rédaction de ce document. Il s'agit entre autres de :

- Son Excellence **Dr. Ibrahima FOFANA**, ex-Ambassadeur de la République de Guinée à Moscou (1985-1988) dont l'expérience m'a guidé maintes fois et sûrement ;
- **Dr. Almamy Seck**, Conseiller politique à l'ambassade de la République de Guinée à Cuba (La Havane), qui a mis à ma disposition une documentation toute récente ;
- **Mr. Jean Pierre CONDE**, Conseiller juridique au Ministère du plan, mon maître de stage pendant de longues années dont j'ai bénéficié de la riche et longue expérience professionnelle ;
- **Mr. Ousmane Diao BALDE**, Ambassadeur, Directeur des affaires juridiques et consulaires ;
- **Dr. Dondo SYLLA**, Conseiller politique à l'ambassade de la République de Guinée au Royaume-Uni de Grande Bretagne et d'Irlande du Nord ;
- **Mr. Dembo SYLLA,** Ministre conseiller, chargé des questions juridiques à la Représentation permanente de la République de Guinée auprès de l'Organisation des Nations Unies à New York, … que je ne saurais trop remercier pour leur disponibilité, leur largesse d'esprit et d'idée, leur diligence et promptitude habituelles ;
- **Mr. Moussa CAMARA**, Professeur au département de télécommunication, Université Gamal Abdel Nasser de Conakry dont j'ai bénéficié du soutien technique de grande valeur ;
- **Mr. Thierno Oumar Sadio BAH,** informaticien, qui a été d'une aide précieuse.

Aussi, mes remerciements anticipés vont également à l'endroit de tous ceux qui formuleront des critiques et suggestions pour une amélioration du présent essai.

Enfin, je tiens à remercier de tout cœur, la maison d'édition « L'Harmattan Guinée », Edition-Diffusion au carrefour des cultures, dont la collaboration, conseils et orientations m'ont été d'une aide précieuse.

Qu'est-ce que l'Administration ?

- On appelle **Administration** l'ensemble des services chargés d'assurer le fonctionnement d'un État, d'une collectivité territoriale ou d'un service public ;

- On parle aussi parfois de l'administration d'une entreprise, qu'on appelle alors administration privée pour la distinguer des administrations publiques.

Qu'entend-on par Administrations publiques ?

Une instance gouvernementale est une administration publique. Il s'agit généralement d'un gouvernement, d'un État, d'institutions ou d'établissements publics qui instaurent des politiques publiques, offrent des services non marchands ou vendent des biens et services marchands à titre accessoires.

Le préalable pour une bonne rédaction administrative

Ce qu'il faut retenir :

🖎 La rédaction administrative ne diffère de la rédaction en général que par l'usage de certaines expressions, de certaines formules, de certaines règles de présentation ;

🖎 pour rédiger correctement les documents administratifs, il faut acquérir d'abord une bonne habitude d'exprimer par écrit sa pensée, développer et résumer celle des autres, de narrer un évènement, d'analyser une situation, de transmettre un message ;

🖎 pour s'exprimer à travers un écrit, il est souvent souhaitable d'avoir une connaissance appréciable de la langue que l'on emploie, son orthographe, sa grammaire, sa syntaxe et son vocabulaire ;

🖎 ces notions de base, à elles seules, ne suffisent pas ; elles ne sont que des outils au service du style (manière dont on s'exprime avec plus ou moins de clarté, d'élégance, de rigueur et de concision) ;

🖎 le style s'acquiert et s'améliore par l'exercice quotidien et par la lecture.

Que suppose la rédaction ?

La rédaction suppose :

➤ Qu'on ait quelque chose à dire ;
➤ Qu'on sache l'exprimer clairement dans un ordre logique.
  Cela implique cinq (5) opérations :

1 - Connaître, reconnaître, comprendre :

La première condition pour écrire est d'abord, comme l'affirmait GOETHE, d'avoir quelque chose à dire. Cela semble une évidence. Pourtant bien des rédacteurs commencent une lettre ou un rapport sans savoir ce qu'ils vont y mettre. Il s'agit donc au départ, d'avoir une parfaite connaissance du dossier, une idée nette des réponses à y apporter, ou, plus généralement, de la suite à donner.

2 - Rassembler les éléments, faits, évènements, idées :

Le plus souvent les lectures et les recherches porteront sur des évènements, sur des articles doctrinaux, sur des décisions de jurisprudence, sur des textes législatifs ou réglementaires, sur des statistiques, sur des exemples choisis à l'étranger etc. Au fur et à mesure des investigations, le problème que l'on se propose de traiter prendra une forme plus précise à la fois dans son ensemble et dans ses particularités.

On s'aidera de notes prises au fur et à mesure des recherches, en mentionnant à la fois les idées ou les faits, et les sources de chaque document. Ainsi, ayant accumulé les éléments indispensables, il faudra que se précisent nettement l'utilisation que l'on veut en faire, le parti que l'on va prendre, la solution à laquelle on entend aboutir. Dès que ces différents matériaux sont réunis, on sera alors prêt à aborder la troisième opération relative à l'établissement du plan.

3 - Mettre en ordre, établir un plan :

C'est un travail essentiel car c'est de lui que découlent en grande partie la valeur et la portée de la rédaction.

4-La Rédaction proprement dite

❖ **Le choix du ton** :

🎵 Ayant établi le plan, il faudra encore, avant d'aborder la rédaction proprement dite, réfléchir au ton qu'il convient d'employer selon le sujet traité, les personnes à qui l'on s'adresse, les circonstances ;

🎵 suivant que l'on ait choisi d'être léger ou sérieux, on adoptera le vocabulaire, le rythme, le style qui conviennent ;

🎵 la grammaire joue un rôle important : c'est grâce à elle qu'on déterminera « le temps » le mieux approprié : ce sera soit le présent de narration, soit le passé composé ; le passé simple est de moins en moins employé, sauf dans le style littéraire ;

🎵 il faudra également choisir entre le style direct et indirect, les deux formes peuvent d'ailleurs être mélangées, sans inconvénient et même avec avantage ; il en est de même pour la forme personnelle et la forme impersonnelle.

❖ **Le rythme de la phrase** :

🎵 Après avoir déterminé le ton qu'il convient d'adopter et qui est intimement lié à l'expression du texte, il faudra s'efforcer de choisir un rythme de phrase correspondant aux intentions de la pensée que l'on veut développer;

🎵 si à chaque nuance de sentiment doit correspondre le ton juste, à ce ton correspondra le rythme approprié;

🎵 ce rythme sera lent pour exprimer le calme, la quiétude, la sérénité, voire la grandeur ; rapide pour exprimer la joie, l'émotion ; nerveux, elliptique pour exprimer l'exaltation, l'ardeur.

5-Relire et corriger

✎   La rédaction d'un texte étant achevée, le travail n'est pas pour autant terminé ; il est rare, même chez de grands écrivains, que le « premier jet » puisse constituer un texte définitif ;

✎   il faudra donc relire lentement et souvent à haute voix, pour déceler les cacophonies qui ne peuvent se révéler qu'à l'oreille ;

✎   il faudra aussi, dans la mesure du possible, ne reprendre son texte qu'après un certain temps qui permet à l'esprit de se « décanter » et de juger plus impartialement ;

✎   souvent effacer, ce conseil de Boileau est la règle d'or de la rédaction ;

✎   il peut, à la relecture, apparaître nécessaire d'ajouter un mot, une phrase, un paragraphe qu'on avait omis et qui apporte au texte un appoint utile ;

✎   il peut aussi être souhaitable de modifier l'ordre de la rédaction pour lui donner plus de clarté ou de force persuasive, mais les corrections les plus fréquentes et les plus indispensables aboutiront à des ratures, à des suppressions, pour éviter soit des répétitions, soit des redondances, c'est-à-dire l'emploi de plusieurs mots pour exprimer une idée ou un fait qui n'en nécessitait qu'un seul.

La lettre dans l'Administration

L'Administration utilise deux types de lettres

La lettre à forme personnelle

Utilisée par l'Administration dans ses relations avec l'extérieur, ou lorsqu'un subordonné s'adresse à un supérieur pour des motifs personnels ; ou quand l'Administration s'adresse aux Parlements, aux particuliers etc.

La lettre à forme administrative

Echangée entre deux services publics nationaux, départementaux ou communaux ou les organismes placés sous tutelle.

I - Lettre à forme personnelle

a - Caractéristiques principales

🎵 Elle émane d'une autorité administrative et s'adresse le plus souvent à un particulier, parfois à une autre autorité, pour des raisons de convenance ou de déférence ;

🎵 elle comporte, dans sa forme la plus simple, cinq (5) éléments :

1- la date ;

2- la formule d'appel ;

3- le corps de la lettre ;

4- la formule de courtoisie ;

5- la signature.

🎵 La date est inscrite en haut et à droite de la feuille, précédée de l'indication du lieu où la lettre est écrite ;

🎵 elle se caractérise, sur le plan formel, par la formule d'appel, le traitement et la formule de courtoisie ;

🎵 sur le plan du fond, elle répond généralement à une demande de renseignements, à des remerciements, à l'acceptation d'une proposition, à des interrogations permettant la création d'un dossier, la notification d'une décision etc.

(Suite)

🙢 Elle est utilisée :

1 – par les fonctionnaires et agents s'adressant à un supérieur hiérarchique pour lui exposer un problème personnel et par les supérieurs hiérarchiques répondant à un supérieur ou lui écrivant à propos d'un problème personnel. Dans la correspondance entre un agent et ses supérieurs hiérarchiques, c'est le caractère personnel du motif de cette correspondance, sortant de l'activité ordinaire, qui justifie l'emploi de la forme personnelle ;

2 – par les représentants de l'Administration lorsque ceux-ci s'adressent à une personne privée ou au représentant d'un organisme privé.

Lorsqu'elle s'adresse aux personnes privées, l'Administration se doit d'exprimer les marques de courtoisie et de politesse auxquelles ces personnes sont elles-mêmes accoutumées dans leur propre correspondance. Elles ne comprendraient pas que l'Administration s'adresse à elles de façon sèche, anonyme et impersonnelle. Cette sensation d'anonymat trop souvent ressentie par l'administré dans ses contacts avec les services est, en effet particulièrement néfaste aux relations entre administrés et Administration.

3 – Par les représentants de l'Administration lorsqu'ils s'adressent aux représentants d'une Administration étrangère ou internationale.

b - Les formules d'appel

Caractéristiques principales

- Sont la manière dont on appelle le destinataire de la lettre :

    Exemple : Mon cher Alassane,

    Mon cher Ami,

    Monsieur,

    Monsieur le Gouverneur,

    Monsieur le Ministre ;

- c'est une marque de considération de laisser un espace assez grand entre le haut de la feuille et la formule d'appel ;
- elle doit être placée un peu au-dessus de la moitié de la feuille à 110 mm environ du bord supérieur ;
- elle est décalée vers la droite de 30 à 50 mm ;
- d'une manière générale, la formule d'appel est : Monsieur, Madame ou mademoiselle ;
- pour les personnes privées comme pour l'Administration, il est d'usage de donner à ses correspondants leur titre quand ils en ont un ;
- les titres nobiliaires (propres à la noblesse) ne doivent pas être mentionnés dans les formules d'appel sauf pour les ducs et duchesses, les princes et princesses ou s'ils sont précédés des adjectifs « mon Cher » pour les hommes exclusivement. Ainsi, on écrira :
- Monsieur le Duc, Madame la Duchesse, Prince, Princesse ;
- Monseigneur (pour les Altesses royales), Mon Cher Baron ;
- Mon Cher Comte, Mon Cher Marquis, mais jamais : Monsieur le Baron ; Monsieur le Comte, Monsieur le Marquis.
- Les principales formules d'appel sont successivement développées aux pages 89 ; 122, 123, 124 et 125 qui traitent de formules d'appel de lettres officielles ainsi que celles relatives aux personnes privées, autorités religieuses, autorités politiques, autorités diplomatiques et consulaires, autorités judiciaires et administratives, autorités militaires …

c - Les formules de courtoisie et de politesse

Caractéristiques principales

- Est la phrase finale de la lettre dans laquelle on exprime ses sentiments au destinataire ;
- les lettres à forme personnelle commencent par une formule d'appel et se terminent par une formule de politesse ou de courtoisie dans laquelle est reprise la formule d'appel qui doit lui correspondre ;
- la formule de courtoisie doit traduire l'affection, l'amitié, la considération, le dévouement, la déférence, que le signataire veut exprimer au destinataire et commence le plus souvent par l'expression « Je vous prie de croire ...» ou « Je vous prie d'agréer ... » ;
- ces sentiments sont, bien entendu, à nuancer selon la situation, les rapports hiérarchiques, l'âge, le sexe, le degré d'amitié des correspondants ;
- les formules de courtoisie peuvent varier à l'infini, cependant, un certain nombre de règles doit être respecté (voir les principales formules aux pages 145, 146, 147, 148 et 149 ;
- elles contiennent le plus souvent soit « l'assurance » soit « l'expression de ... » ; les deux formules ne sont pas équivalentes ;
- la formule « croire à l'assurance » est moins déférente que « agréer l'expression », **celle-ci est réservée aux correspondants envers lesquels on n'est tenu à aucune marque de courtoisie allant au-delà de la politesse normale**.

❖ La formule « les assurances de … » est propre au corps diplomatique et n'est utilisée que dans la correspondance officielle entre agents diplomatiques ;

❖ les formules « Haute considération », « Haute et fraternelle considération » et « Très haute considération » sont réservées aux très hautes personnalités, Ministres, Anciens ministres, Présidents et Vice-présidents de l'Assemblée nationale, de la Cours suprême, Ambassadeurs, et bien sûr aux Chefs d'Etats ;

❖ les salutations, les hommages « s'expriment », on n'en donne pas l'assurance.

Exemple :

🙠 Veuillez agréer, Madame, l'expression de mes hommages ;

🙠 Veuillez agréer, Cher Monsieur (ou Cher collègue), l'expression de mes sentiments les meilleurs et les plus cordiaux.

🙠 On distinguera « l'expression » de « l'assurance » :

1 – le premier terme est obligatoire lorsqu'on s'adresse à une autorité d'un rang supérieur pour qui la considération, le dévouement, le respect doivent être tenus pour acquis et que l'on n'a donc pas à « assurer de ses sentiments » ;

2 – le terme « assurance » ne s'emploie qu'à l'égard des personnes d'un rang égal ou inférieur au signataire de la lettre ;

🙠 les termes «Monsieur, Madame ou Mademoiselle » suivis d'un nom de famille s'écrivent en abrégé quand la personne en question est étrangère au destinataire de la lettre : M X, Mme Y, Mlle Z et en toutes lettres quand il s'agit d'un parent du destinataire ;

🙠 Si on fait allusion à sa propre épouse ou son propre époux, on écrit : « Ma femme, Mon mari » et non : « Madame CONTE, Monsieur BARRY ».

Le traitement

Caractéristiques principales

✒ Est la manière dont on traite, dans le corps d'une lettre ou d'un discours, la personne à qui l'on s'adresse par écrit ou oralement ;

✒ il est habituellement la seconde personne du singulier « tu » ou du pluriel « vous » ;

✒ s'agissant de très hautes personnalités comme les Chefs d'Etat, dignitaires de l'Eglise, Ministres, Ambassadeurs, les formules de traitement les plus usuelles sont :

- Votre Majesté pour un Souverain ;
- Votre Altesse pour un Prince ;
- Votre Altesse sérénissime, pour un Prince de sang royal ;
- Votre Sainteté pour un Pape ;
- Votre Eminence pour un Cardinal ;
- Votre Excellence pour un Chef d'Etat, un Ministre des Affaires Etrangères, un Premier ministre, un Ambassadeur, un Evêque ;

✒ le traitement ne doit être employé que dans le corps de la lettre ou du discours et non en formule d'appel.

II - Lettre à forme administrative

Caractéristiques principales

- Est la lettre adressée par un service administratif à un autre service administratif relevant d'un même Etat ou d'une même structure gouvernementale ;
- elle est autrement appelée « lettre entre services » ;
- tout comme la lettre à forme personnelle, elle doit tenir compte de la hiérarchie, être objective, courtoise et prudente ;
- elle doit s'attacher avec un soin tout particulier à la précision et rechercher la plus grande efficacité possible ;
- elle comprend les lettres échangées soit entre services publics relevant de départements ministériels distincts, soit entre services relevant d'une même Administration, entre services centraux et services départementaux ;
- elle a une présentation particulière qui est pratiquement toujours la même ;
- elle comporte un certain nombre de mentions spécifiques qui renforcent son caractère officiel : l'appellation de l'Etat, le timbre du service ;
- elle comporte des mentions qui sont indispensables pour assurer la clarté de la correspondance dans son cadre hiérarchique : la suscription, la signature, le sous-couvert ;
- certaines mentions servent à l'identification du document lui-même : le numéro d'enregistrement, le lieu et la date, l'objet, la référence ;
- d'autres mentions sont circonstancielles et donc facultatives : lorsqu'elles ne représentent aucune utilité pour le document considéré ou sont sans objet en la circonstance, elles ne figureront pas sur la lettre : Pièces jointes, ampliation, mention relative à l'urgence ou au caractère confidentiel de l'écrit administratif, à son acheminement.

❖ **Les mentions spécifiques et d'identification hiérarchique**

• L'appellation officielle de l'Etat

Caractéristiques principales

🕭 Elle doit être sur une seule ligne et en majuscule suivie de la devise nationale placée en dessous et figure sur la plupart des documents administratifs :

    Exemple :   République de Guinée

                    Travail – Justice – Solidarité.

🕭 C'est surtout le cas pour les documents, et notamment les lettres, émanant des autorités administratives, dont elle renforce le caractère officiel ;

🕭 son absence n'enlève pas sa qualité à la lettre ;

🕭 elle figure en haut de la 1ère page de la lettre, soit centrée au milieu de la ligne, à égale distance des deux bords latéraux et à trois interlignes du bord supérieur de la feuille, donc au-dessus de toutes les autres mentions ;

🕭 le choix de l'emplacement décidé par le service sera respecté une fois pour toute pour chaque lettre.

Le timbre

Caractéristiques principales

🎵 Est l'essentiel de l'en-tête imprimé (mais qui peut être également dactylographié) ;

🎵 est la mention d'identification du service émetteur du document ;

🎵 il figure en haut et à gauche de la page ;

🎵 il doit indiquer avec précision l'origine de la lettre en respectant la hiérarchie des services ;

🎵 est très bref si le document émane des plus hautes instances hiérarchiques, s'il est signé par la plus haute autorité responsable.

Exemple : Ministère des Affaires Etrangères

Direction des Affaires Juridiques et Consulaires.

🎵 Plus complexe, si le document émane d'un service subordonné, le timbre comprendra généralement trois (3) parties :

🎵 le nom du Ministère ou de la Préfecture ;

🎵 l'appellation de la Direction ou du service principal ;

🎵 l'appellation du service ou du Bureau subordonné émetteur du document ;

🎵 il peut aussi mentionner l'adresse du service et son numéro de téléphone.

La suscription ou réclame

Caractéristiques principales

🍂 Le nom de suscription se donnait également à l'adresse du destinataire d'une lettre, portée sur la lettre elle-même et sur l'enveloppe ;

🍂 dans la lettre à forme administrative, cette mention est obligatoirement portée en haut, à droite sous la date, à 3 cm environ de celle-ci ;

🍂 elle est composée de deux (2) parties reliées par la préposition « à » :

🍂 la première indique la qualité de l'expéditeur (toujours représenté par la plus haute autorité du service) ;

🍂 la seconde indique la qualité du destinataire.

Exemple :   Le Ministre

                         à

           Monsieur le Ministre de la Sécurité.

🍂 Le mot « Monsieur » ou « Madame », manifestation de politesse, est toujours écrits en toutes lettres.

Exemple :   Ministère des Affaires Etrangères

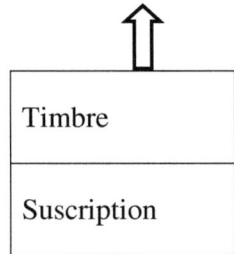

                                              A Monsieur …

• Le « Sous-couvert »

Caractéristiques principales

🖊 « Sous couvert de » ou « Sous le couvert de », parfois abrégé en « S/C » s'ajoute sous la suscription, lorsque le document doit suivre la voie hiérarchique intermédiaire entre l'expéditeur et le destinataire, que cette voie soit montante ou descendante ;

🖊 est également utilisé dans les lettres personnelles émanant d'un fonctionnaire qui est tenu de respecter la voie hiérarchique, comme évoqué à la page 54 ;

🖊 lorsque la voie hiérarchique doit comporter plusieurs étapes, au lieu de respecter « sous couvert de … » on pourra remplacer cette formule par la formule plus générale de : « Sous (le) couvert de la voie hiérarchique ».

• La signature

Caractéristiques principales

🡪 Est l'apposition manuscrite du nom de celui qui assume la responsabilité de la lettre ;

🡪 la signature d'une même personne doit avoir une forme constante pour pouvoir être reconnue comme authentique par tous ;

🡪 elle gagne à être simple et aussi lisible que possible ;

🡪 le signataire évitera les signatures au graphe compliqué de multiples courbes savamment enlacées ; elles n'impressionnent personne, ne sont qu'un signe de prétention ; elles n'empêchent pas vraiment les falsifications ;

🡪 elle est l'élément fondamental d'un document administratif, en ce sens qu'un document non signé peut être considéré en droit comme inexistant et n'a donc aucune autorité ;

🡪 elle est la condition de validité des actes administratifs ;

🡪 elle doit être celle de l'autorité compétente ou de la personne habilitée par elle ;

🡪 elle est précédée de l'attache, c'est-à-dire de l'indication de la qualité du signataire et éventuellement du pouvoir l'autorisant à signaler ; elle est en outre suivie de la mention dactylographiée du nom propre du signataire.

Il importe tout particulièrement que le signataire puisse être identifié sans ambigüité ;

🡪 la signature ainsi complétée se place au bas de la lettre sur la partie droite de la page, quelques lignes en dessous du texte.

🡪 Exemple :
                                          Le Ministre
                                    Alexandre Cécé LOUA

• Le pouvoir de signature dans l'Administration

🔸 Dans l'Administration, le pouvoir de signer n'appartient qu'aux autorités c'est-à-dire aux chefs de départements ministériels, aux chefs des circonscriptions administratives déconcentrées et aux chefs de collectivités décentralisées, territoriales ou par service ;

🔸 ce sont les ministres, les gouverneurs, les préfets, les chefs de provinces, les sous préfets, les maires, les commandants de cercles, les chefs de quartiers, les chefs de districts, les chefs d'établissements publics et, accessoirement certains chefs de services publics extérieurs ou spécialisés ;

🔸 ce pouvoir appartient également de droit au chef de l'Etat, chef de l'Administration ;

🔸 pour ces autorités, le pouvoir de signature intervient à l'occasion de l'exercice des compétences qui leur sont dévolues par la loi ou les textes règlementaires ;

🔸 dans le souci de rapprocher l'Administration des administrés et d'en accélérer le fonctionnement, il peut être procédé à des délégations de compétences, de l'autorité supérieures à une autorité subordonnée, désignée es-qualité : ces délégations sont partielles, permanentes et impersonnelles ;

🔸 le délégant perd la compétence déléguée et ne peut plus l'exercer : il y a donc transfert de responsabilité ;

🔸 au sein d'un service administratif placé sous la responsabilité d'une autorité compétente, peut être utilisée le procédé de la délégation de signature : l'autorité compétente peut déléguer sa signature à certains de ses collaborateurs à l'effet de traiter certaines affaires ;

- cette délégation doit faire l'objet d'un texte officiel qui en fixe le cadre et les limites et doit être publié ;
- elle est permanente, mais partielle et personnelle ;
- elle ne dessaisit pas l'autorité délégante qui reste responsable à l'égard des tiers des actes de ses subordonnés et conserve le droit de signer : le délégataire n'est en quelque sorte que le fondé de pouvoir du délégant, sous son contrôle et sa responsabilité.
- Exemple :

Le Ministre
Pour le Ministre et par délégation
La Secrétaire Générale
Marie Agnès TOURE
Administrateur civil

Ou

Le Ministre
Par délégation, le Chef de Cabinet
Bangaly DIAKHABY

- En l'absence de toute délégation, certains documents peuvent être signés par ordre (P.O.) ;
- cette signature ne peut porter que sur des correspondances courantes lorsque le titulaire est momentanément empêché, et en vertu d'instructions verbales de celui-ci.
- Exemple :

Pour le Directeur empêché et par ordre
Le sous-Directeur
Abdoulaye BALDE

- Il existe également la signature par autorisation lorsqu'un subordonné a reçu l'autorisation expresse ou tacite de signer une catégorie limitée d'actes administratifs. La portée de cette signature est donc plus large que pour la signature par ordre ;
- la signature par intérim (p. i.) est utilisée lorsqu'en l'absence prolongée d'un responsable, une personne a été désignée (par arrêté ou note de service) pour assurer l'expédition des affaires courantes ;
- la signature ad intérim (a. i.) est utilisée par un suppléant lorsque le responsable est temporairement absent. Exemple : Dans les Missions diplomatiques, quand l'Ambassadeur est momentanément absent de son poste d'accréditation, sa suppléance est assurée par un Chargé d'Affaires a. i.

❖ **Les mentions d'identification du document administratif**

Caractéristiques générales

🙰 Ce sont les mentions qui servent à individualiser le document pour le distinguer des autres documents de même origine, pour en faciliter le contrôle, le traitement, le classement et la recherche ultérieure ;

🙰 leur utilité vaut aussi bien pour le service émetteur, qui en conserve les doubles, que pour le destinataire qui classe l'original.

• Le numéro d'enregistrement

Caractéristiques générales

🖎 Il s'agit du numéro d'enregistrement du document au registre du courrier « départ » dans le service émetteur ;

🖎 le service destinataire apportera, lui, un numéro supplémentaire enregistré au courrier « arrivée » ;

🖎 il est suivi du signe du service émetteur et éventuellement de celui de sa subdivision lorsque c'est de celle-ci qu'émane effectivement les documents ;

🖎 ces éléments sont séparés par des barres obliques et succèdent dans l'ordre hiérarchique, à moins que les sigles et l'ordre de présentation n'est fait l'objet d'une définition codée particulière en fonction des nécessités du classement ;

🖎 il se place normalement sous le timbre ; il arrive qu'on le trouve sous la date.

   Exemple : Ministère des Affaires Etrangères

      Direction des Affaires Juridiques et Consulaires

         Le Directeur

N° 0256/MAE/DAJC/DJ/SACT/09.

🖎 C'est cette mention, avec la date, que reprendra en référence le correspondant dans la réponse qu'il fera à cette lettre.

   Exemple : Référence ou réf : votre lettre N° 0256/MAE/DAJC/DJ/SACT/09 du 11 septembre 2009 ;

🖎 il est par ailleurs préférable d'utiliser la formulation « Votre lettre N°…. en date du … » qui tient compte de l'écart existant souvent dans la correspondance administrative entre le moment de la rédaction, celui de la signature et celui de l'enregistrement avant expédition ;

🖎 le numéro d'enregistrement est un numéro chronologique ;

🖎 le sigle qui suit étant un résumé du timbre, permet, à partir d'une telle référence une identification facile du service émetteur au sein d'un ensemble administratif plus large.

Exemple : Dans l'exemple ci-dessus : N° 0256 MAE/DAJC/DJ/SACT/09 (Signifie : Ministère des Affaires Etrangères / Direction des Affaires Juridiques et Consulaires / Division Juridique / Section des Accords, Conventions et Traités/2009.

• Le lieu d'expédition et la date

Caractéristiques générales

🪶 Est placé en haut à droite de la feuille, sous l'appellation et la devise de l'Etat ;

🪶 cette mention doit comporter :

🪶 le nom de la ville, en toutes lettres ;

🪶 le quantième en chiffres (et non le jour de la semaine) ;

🪶 le mois en toutes lettres ;

🪶 l'année, en quatre chiffres

Exemple : Conakry, le 12 septembre 2009

Par contre, la formulation : Conakry, le 12- 09- 09 serait incorrecte.

🪶 Plutôt que sous le timbre, l'adresse du service et son numéro de téléphone peuvent être portés sous la date, ce qui est une présentation plus élégante.

Exemple : Conakry, le .... 20...

Boulevard du Commerce, Quartier Almamyah

BP : 2510 – Conakry Tél. : (00224) 30 41 16 21

- **Les initiales du rédacteur et de la dactylographe**

Caractéristiques générales

🖋 Cette mention n'a qu'un intérêt limité pour le destinataire, pour qui elle ne sera compréhensible que s'il connaît nominativement le personnel du service émetteur ;

🖋 son utilité est plus grande pour le service émetteur ou l'autorité responsable pourra savoir qui est l'auteur du document que l'on présente à sa signature et quelle est la secrétaire ou dactylographe qui l'a dactylographié ;

🖋 si des corrections doivent être apportées soit sur le fond, soit sur la mise en page, il sera dès lors facile de la faire apporter par le responsable de l'erreur ;

🖋 intervient ici la notion de responsabilité des agents vis-à-vis de leur supérieur hiérarchique.

Exemple :   CA / MC

    Ministère des Affaires Etrangères

    Direction des Affaires Juridiques et Consulaires

                Le Directeur

N° 00326 /MAE/DAJC/DJ/SACT/09

NB : Dans cet exemple, le rédacteur est CONTE Alassane et la Secrétaire est Mariame CAMARA.

• L'objet

Caractéristiques générales

- Est le résumé très succinct de la lettre ;
- Est la mention aussi brève que possible de la matière traitée dans la lettre (ou tout autre document) ;
- dans une lettre administrative cette mention se place au-dessus du corps de la lettre, donc sous le timbre et le numéro d'enregistrement, mais également quelques lignes plus bas que la suscription surtout lorsque la définition de l'objet doit occuper toute la ligne (lorsqu'il y a lieu de mentionner l'objet dans une lettre à forme personnelle, on le place au-dessus de la formule d'appel ;
- l'appellation «objet», soulignée et en toutes lettres, est portée sur le côté gauche de la feuille en respectant la marge normale prévue pour le corps de la lettre, ou légèrement à gauche de celle-ci ;
- elle est suivie d'une formule précisant la question traitée dans la lettre et qui peut occuper la valeur d'une ligne normale ou davantage ;
- la formule utilisée ne devrait donc jamais couvrir plus d'une ligne et demie sinon elle perd toute utilité.

• La référence

Caractéristiques générales

🎵 La présence de cette mention ne se justifie que si l'on se réfère à un document ou un événement antérieur ;

🎵 elle permet d'en faciliter la recherche et relie la lettre à ses antécédents ; c'est presque toujours le cas pour une lettre administrative.

🎵 Selon le cas, la référence comporte :

🎵 le numéro d'enregistrement et la date de la correspondance ;

🎵 la date de la conversation ou de la communication ;

🎵 le numéro du dossier cité ;

🎵 le numéro d'identification du texte législatif ou réglementaire cité.

Exemple : Référence : Votre lettre du 25 septembre 2009

Ou bien : Votre lettre N°00326/MAE/DAJC/DJ/SACT/09

       du 25 septembre 2009 ou encore

       Votre appel téléphonique du 11 septembre 2009.

🎵 Lorsque l'on se réfère à une correspondance, la référence à citer est donc le numéro d'enregistrement et la date de cette correspondance ;

🎵 la référence se place immédiatement en dessous de l'objet, disposée de la même façon en parlant de la marge gauche.

❖ Les mentions occasionnelles

Ces mentions se rencontrent moins souvent tout au moins dans les lettres, mais il est indispensable qu'elles y figurent lorsque se présente le cas particulier auquel chacune d'elles correspond.

• Mention « Pièces jointes » ou « P.J »

Caractéristiques générales

🕭 Dactylographiée, soit sous la référence avec la même marge, soit en bas à gauche de la page avec la même marge que le timbre ;

🕭 cette mention attire l'attention du destinataire sur les documents annexes transmis avec la lettre ;

🕭 il est préférable de la porter sous le timbre où elle sera plus visible ;

🕭 la mention comportera, soit uniquement le nombre de pièces, soit également leur désignation succincte.

Remarque : lorsque la mention figure sous la référence, il est préférable de la porter en toutes lettres. Les initiales « P.J » seront plutôt réservées au bas de la page. Mais là encore la formulation en toutes lettres est à l'évidence plus courtoise et donc plus correcte que l'abréviation par les initiales.

• Les ampliations
Caractéristiques générales

🖎 Lorsque des copies signées et conformes à l'original sont adressées à d'autres services ou personnes que le destinataire principal du document, mention de ces destinataires particuliers (de ces ampliations) doit être faite sur la lettre ;

🖎 c'est d'une part une question de courtoisie pour le destinataire principal indiqué par la suscription, qui doit savoir que la lettre qui lui est destinée sera connue également d'autres personnes ;

🖎 c'est également une mesure de commodité à l'intention du service chargé de l'expédition du courrier ;

🖎 la mention des ampliations fixe en quelque sorte son programme de répartition du document.

   Exemple 1 : **AMPLIATIONS** :

   Ministère de l'Economie et des Finances ;

   Secrétariat général du Gouvernement ;

   Direction nationale de la Douane ;

🖎 ou sous forme d'un tableau, utilisant éventuellement les signes des services, lorsque ceux-ci ont fait l'objet d'une codification, et portant l'indication du nombre d'exemplaires à repartir :

Exemple 2 : AMPLIATIONS :

   M.E.F............................ 4

   M.E.SR.S...................…… 4

   S.G.G............................ 4.

🖎 La mention « ampliations » ne figure pas, en principe, dans une lettre personnelle.

Remarque : il convient de noter que la mention « ampliations » ne doit pas nécessairement figurer sur tous les documents. Elle est en effet sans objet si aucune ampliation n'est réalisée. C'est notamment le cas de la plupart des lettres administratives qui n'ont qu'un seul destinataire.

- **Les mentions circonstancielles à caractère exceptionnel**

Caractéristiques principales

↷ Ces mentions sont utilisées sur certaines lettres en fonction de circonstances particulières. On peut les placer en trois (3) groupes :

↷ les mentions destinées à attirer l'attention du destinataire sur des aspects particuliers du document ;

↷ les mentions relatives au secret de la correspondance ;

↷ les mentions relatives à l'acheminement postal du courrier.

- **Mentions destinées à attirer l'attention du destinataire**

Types et caractéristiques principales

🕭 **La mention « URGENT »** - Dactylographiée en lettres majuscules sous le timbre (ou apposée au tampon), signale au destinataire que l'affaire doit être traitée sans retard.

🕭 **La mention « RAPPEL »** - En majuscule sous le timbre (dactylographiée ou au tampon), cette mention rappelle au destinataire que l'expéditeur attend encore la réponse à une lettre précédente ;

🕭 le corps de la lettre de rappel reprendra l'essentiel des termes de la première lettre ;

🕭 on est malheureusement obligé parfois, face à la négligence de certains fonctionnaires, de multiplier les rappels ; la mention pourra être alors ainsi complétée : 2ème RAPPEL ou DERNIER RAPPEL ;

🕭 les services utilisant des documents standardisés envoient dans ce cas au correspondant négligent un nouvel exemplaire du dernier document avec le tampon **« RAPPEL »**.

Remarque :

La lettre de rappel est préférable lorsque le correspondant mérite - malgré sa négligence - une considération particulière eu égard à son rang.

La mention « Vu et transmis le… »

🖎 Elle répond à la mention « sous couvert » dont les caractéristiques sont détaillées à la page 21 ;

🖎 elle est portée soit en caractères dactylographiés, soit au tampon, soit manuscrite, ce qui accélère la transmission, dans la marge gauche de la lettre en regard du corps de celle-ci. Le responsable date et appose sa signature ou son paraphe ;

🖎 cette mention indique que l'autorité ou les autorités concernées par la transmission hiérarchique ont pris connaissance du document transitant sous le couvert. Ces autorités peuvent y ajouter un avis, favorable ou défavorable, mais ne peuvent en aucun cas arrêter la correspondance ;

🖎 dans le même but, on peut utiliser un bordereau de transmission.

La Mention « Visé le … » ou « VISA »

🖎 En majuscule, dactylographiée ou portée au tampon, cette mention est apposée dans la marge de la lettre ;

🖎 elle est utilisée lorsque le document doit obtenir l'approbation d'une autorité extérieure avant son expédition.

Remarque :

On utilise le procédé du VISA dans un cas tout différent : lorsque, à l'intérieur d'un service, on veut faire connaître à plusieurs personnes le contenu d'un document sans avoir à leur en adresser une copie. Chaque personne est invitée à parapher son nom sous la mention VISA portée en bas de la marge ou sur une feuille annexée. La mention sera complétée par la liste nominative des destinataires. Il s'agit donc plutôt ici d'un émargement que d'un VISA.

Les mentions relatives au caractère confidentiel de la correspondance

Types et caractéristiques principales

➤ Le propre de toute correspondance est d'être, par essence, confidentiel. Si cela est vrai pour la correspondance privée, cela le reste pour la correspondance administrative, au moins en ce qui concerne les personnes étrangères au service ;

➤ toutefois, les conditions même du travail administratif font que la discrétion de la correspondance n'est pas aussi bien garantie que pour la correspondance privée : le rédacteur n'est pas toujours le signataire, et plusieurs services interviennent dans l'acheminement du courrier tant au niveau de l'expéditeur que du destinataire ;

➤ aussi les agents du service sont-ils tenus à une stricte discrétion à l'égard du courrier qui passe entre leurs mains, et celui-ci ne doit pas s'égarer dans des bureaux qui n'ont pas à le connaître ;

➤ il est toujours discourtois par ailleurs de communiquer à un tiers la copie d'une lettre sans que le destinataire n'en soit informé. D'où l'obligation de mentionner sur l'original les diverses ampliations qui en auront été faites ;

➤ dans les lettres à forme personnelle, on mentionnera également, s'il y a lieu, l'envoi de copies à des tiers, soit dans le corps du texte, soit en bas de page après la signature, soit la forme suivante : Copie pour information à Monsieur … ;

➤ il peut y arriver qu'en dehors de ces conditions générales, certains documents appellent une discrétion particulière. Dans ce cas le signataire de la lettre fera usage de l'une des mentions suivantes pour signaler que le contenu de sa correspondance ne doit pas être divulgué. Ces mentions seront dactylographiées à la fois sur la lettre et sur l'enveloppe. Leur usage doit faire l'objet d'une réglementation très stricte pour éviter les abus.

a- **La mention « PERSONNEL »**

🖎 Sur l'enveloppe, éventuellement sur la première page en dessous du timbre, dactylographiée en majuscules ou au tampon, elle est utilisée uniquement pour les lettres personnelles, chaque fois que le nom du destinataire n'est pas connu ou que l'on désir l'avertir que l'on ne souhaite pas que le contenu de la lettre soit communiqué à des tiers ;

🖎 cette mention, comme la suivante, indique également au secrétariat récepteur d'avoir à remettre immédiatement la lettre au destinataire sans ouvrir l'enveloppe.

b- **La Mention « CONFIDENTIELLE »**

🖎 Equivalente à la mention précédente, elle est utilisée seulement pour les lettres administratives ;

🖎 elle s'applique sur tous les documents administratifs dont le contenu pourrait causer un préjudice ou provoquer des embarras administratifs s'il était divulgué ;

🖎 ces documents doivent faire l'objet d'un classement particulier et, au besoin, être conservés sous clef ou dans un coffre-fort ;

🖎 les documents liés à la défense nationale portent dans le même cas le cachet : « **CONFIDENTIEL DEFENSE** ».

c- **La mention « DIFFUSION RESTREINTE »**

🖎 Cette mention s'applique sur tous les documents administratifs contenant des informations qui ne doivent être communiquées qu'aux personnes particulièrement qualifiées pour en connaître ;

🖎 elle leur signale qu'elles ne doivent pas communiquer ce document aux personnes qui ne sont pas mentionnées parmi les destinataires.

d- **La mention « SECRET »**

🖎 Cette mention figure sur tout document administratif dont la teneur pourrait en cas de divulgation, compromettre la sécurité nationale, le prestige, les intérêts ou activités du Gouvernement ;

🖎 les documents relevant du secret de défense nationale portent le cachet « **CONFIDENTIEL DEFENSE** », « **SECRET DEFENSE** » ou « **TRES SECRET** » ;

🖎 les infractions aux règles du secret de défense nationale font l'objet de sanctions pénales propres à la législation de chaque Etat et qui peuvent être très sévères ;

🖎 les documents portant la mention « SECRET » doivent être conservés, dès réception, en lieux sûrs, comme dans un coffre-fort et régulièrement vérifiés.

❖ Le corps de la lettre

Caractéristiques principales

🔸 Le corps de la lettre, constitué par le texte est soumis aux règles de composition et de présentation et aux normes qualitatives ;

🔸 le corps de la lettre tiendra compte de la structure traditionnelle du plan à savoir : l'introduction, le développement et la conclusion ;

🔸 chaque idée différente fera l'objet d'un paragraphe distinct ;

🔸 le texte sera suffisamment aéré pour aider à la clarté de son argumentation ;

🔸 une seule particularité est à rappeler en ce qui concerne les tournures utilisées : la lettre administrative ne comporte pas de formule d'appel (Monsieur,) avant le corps du texte, ni de formule de politesse (je vous prie d'agréer Monsieur …) après le texte ;

🔸 c'est cette caractéristique qui distingue la présentation de la lettre administrative de la lettre à forme personnelle ;

🔸 par contre, le respect de la règle de courtoisie fait que l'on compense l'absence de ces formules par l'emploi de l'expression « J'ai l'honneur de … », qui doit figurer une fois dans le corps de la lettre, et que l'on place le plus souvent (mais pas obligatoirement en tête du premier paragraphe ; cette expression facilite en effet par la même occasion l'introduction du problème traité ;

🔸 elle peut être remplacée, lorsque l'on veut atténuer une réponse défavorable, par l'expression « J'ai le regret de … ».

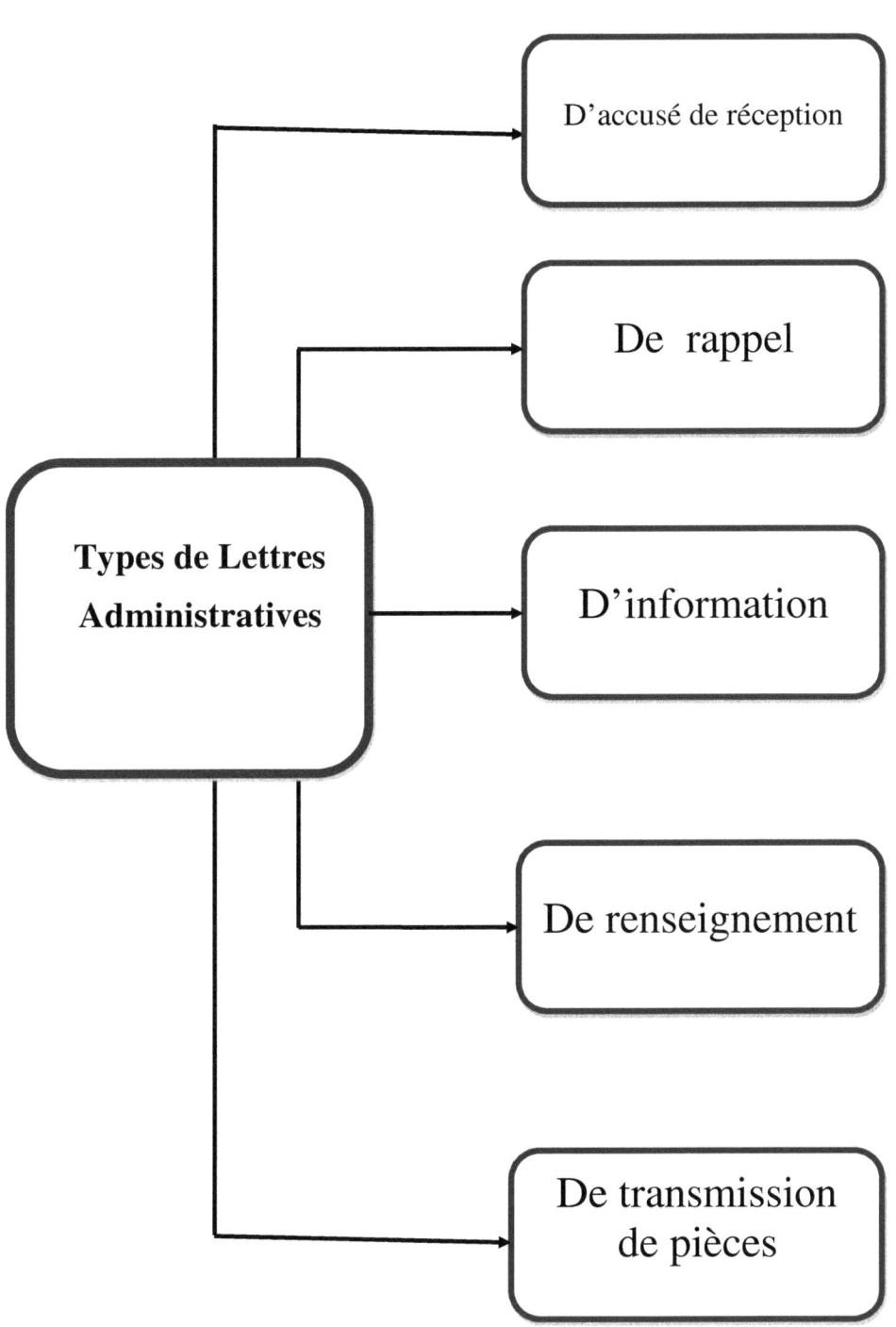

• Classification des lettres à forme administrative en fonction de leur objectif et des circonstances qui les ont motivées

On distingue :

✿ **Des lettres d'information :**

« J'ai l'honneur de vous faire connaître … » ou « de vous faire savoir …», « de porter à votre connaissance … » etc.

✿ **Des lettres sollicitant un avis ou des instructions :**

« J'ai l'honneur de vous demander (ou de vous prier) de bien vouloir me donner vos instructions sur … ».

✿ **Des lettres formulant une proposition :**

Elles sont particulièrement importantes puisqu'elles peuvent déboucher sur des décisions engageant la responsabilité de l'Administration.

✿ **Des lettres demandant des éléments de réponse et qui transmettent un document ou sa copie en communication :**

Dans ce cas, il est préférable d'utiliser des bordereaux de transmission en vue de faciliter leur traitement ; en demandant des éléments de réponse, l'autorité demanderesse souhaite en fait recevoir du service compétent un projet de lettre de réponse à présenter à sa signature.

✿ **Peuvent se rencontrer aussi les cas de lettres administratives semblables aux lettres à forme personnelle ayant le même objet :**

Réponse à une demande de renseignements, à une réclamation etc.

Pour les besoins du présent manuel, les caractéristiques et types de lettres ci-après seront développés. Ce sont :

La lettre d'accusé réception

Caractéristiques principales

🌀 Dans les conditions normales, l'Administration, pour un souci d'économie du temps et d'argent, n'envoie pas d'accusé de réception pour la correspondance entre service ; le même résultat est plus simplement obtenu par l'usage du cahier ou registre de transmission, surtout lorsque le courrier est porté directement de service à service par un agent de transmission ; la signature du service destinataire sur le registre vaut décharge pour l'expéditeur et accusé de réception.

🌀 Dans certains cas, il sera nécessaire ou utile d'envoyer une lettre d'accusé de réception, notamment :

🌀 lorsque l'instruction de la demande ou de l'affaire présentée par le correspondant nécessite un délais de réponse important en raison des recherches ou études qu'elle entraîne ; l'accusé de réception fera patienter le correspondant en lui montrant que son affaire n'est pas négligée ; il constitue alors également une lettre d'attente apportant une réponse provisoire à la question posée ;

🌀 lorsque des documents demandés par le correspondant lui ont déjà été envoyés ;

🌀 lorsque l'Administration reçoit une réclamation ;

🌀 lorsqu'une disposition légale ou réglementaire le prévoit ; dans ce cas comme pour le précédent, certains services utilisent des formulaires pré-imprimés qu'il ne reste qu'à compléter par la date de réception et les éléments particuliers à l'affaire traitée ;

🌀 lorsque la lettre reçue concerne un autre service et qu'il convient d'aviser l'expéditeur que sa lettre a été transmise au service compétent.

• La lettre de transmission

Caractéristiques principales

🙵 Entre service, on n'envoie généralement pas une lettre de transmission, mais un simple bordereau, beaucoup plus expéditif ; cependant lorsque l'on adresse un document à une haute autorité ou à une personne étrangère à l'Administration, la lettre de transmission doit être préférée au bordereau ;

🙵 la transmission peut être faite « pour attribution », « pour information », « pour avis », « pour avis et suggestions » ou « pour solliciter des instructions » ;

🙵 la lettre de transmission est également utilisée entre service lorsque le document transmis appelle un commentaire ou des annotations explicatives importantes.

Exemples :

• J'ai l'honneur de vous transmettre ci-joint, pour information … ;

• Je vous prie de bien vouloir trouver ci-joint, … ;

• Veuillez trouver ci-joint, copie …. ;

• Veuillez trouver ci-joint, les exemplaires demandés…

• La lettre de rappel

Caractéristiques principales

➤ A pour objet d'inviter le destinataire à répondre à une lettre précédemment envoyée, lorsqu'il a omis de le faire dans un délai raisonnable ; ce délai doit être estimé en tenant compte des circonstances (distance) susceptible de l'allonger ;

➤ la lettre de rappel est, selon le cas, une lettre personnelle ou une lettre administrative ;

➤ elle est plus courtoise que l'envoi d'une copie de la lettre restée sans réponse signalée par la mention « RAPPEL », comme cela se pratique parfois (cette dernière façon de procéder a pour elle l'avantage de la rapidité d'exécution ; elle est à utiliser avec discernement, en fonction de la qualité du destinataire) ;

➤ le ton de la lettre sera lui-même courtois pour le premier rappel ; tout en restant courtois, il deviendra plus pressant et impératif s'il s'agit d'un deuxième, voire d'un troisième rappel.

• La lettre circulaire

Caractéristiques principales

🜂 Message destiné à plusieurs personnes ;

🜂 Elle émane toujours d'une autorité hiérarchique s'adressant à des autorités ou agents subordonnés ;

🜂 la mention « CIRCULAIRE » qui peut être suivie d'un numéro d'enregistrement et d'un titre, y figure généralement en toutes lettres ;

🜂 la circulaire est parfois mise en page comme une lettre et ne s'en distingue que par la mention en suscription de plusieurs destinataires au lieu d'un seul ;

🜂 en tant que document d'instruction à caractère hiérarchique et à destination collective, tend à s'éloigner de la forme propre à la lettre administrative ordinaire ;

🜂 la circulaire, au sens strict, définie juridiquement comme faisant partie des mesures d'ordre inférieur.

• L'instruction

Caractéristiques principales

🌿 Emane généralement des autorités les plus élevées : chef de l'Etat, Premier ministre, chef du Gouvernement, Ministres ;

🌿 on a souvent tendance à confondre l'instruction avec la circulaire ; en fait, elle s'en distingue par des différences de degré, de portée et de présentation ;

🌿 elle émane des plus hautes autorités, fixant généralement des prescriptions relatives à l'application de textes législatifs et réglementaires dont elle est le complément et le prolongement, l'instruction revêt une importance particulière et un caractère permanent ;

🌿 elle a une portée générale et demeure valable tant qu'elle n'a pas été abrogée ou modifiée ;

🌿 elle s'impose à tous les agents de l'Administration ;

🌿 document de portée collective, sa diffusion est le plus souvent très large car elle intéresse aussi bien les services centraux que les services extérieurs (Ambassades, Consulats généraux, Consulats honoraires …) ;

🌿 l'instruction se rapproche des actes du pouvoir réglementaires à travers ses caractères de principe, de permanence et de généralité ;

🌿 elle s'en rapproche également par la forme, et de façon plus systématique que la circulaire.

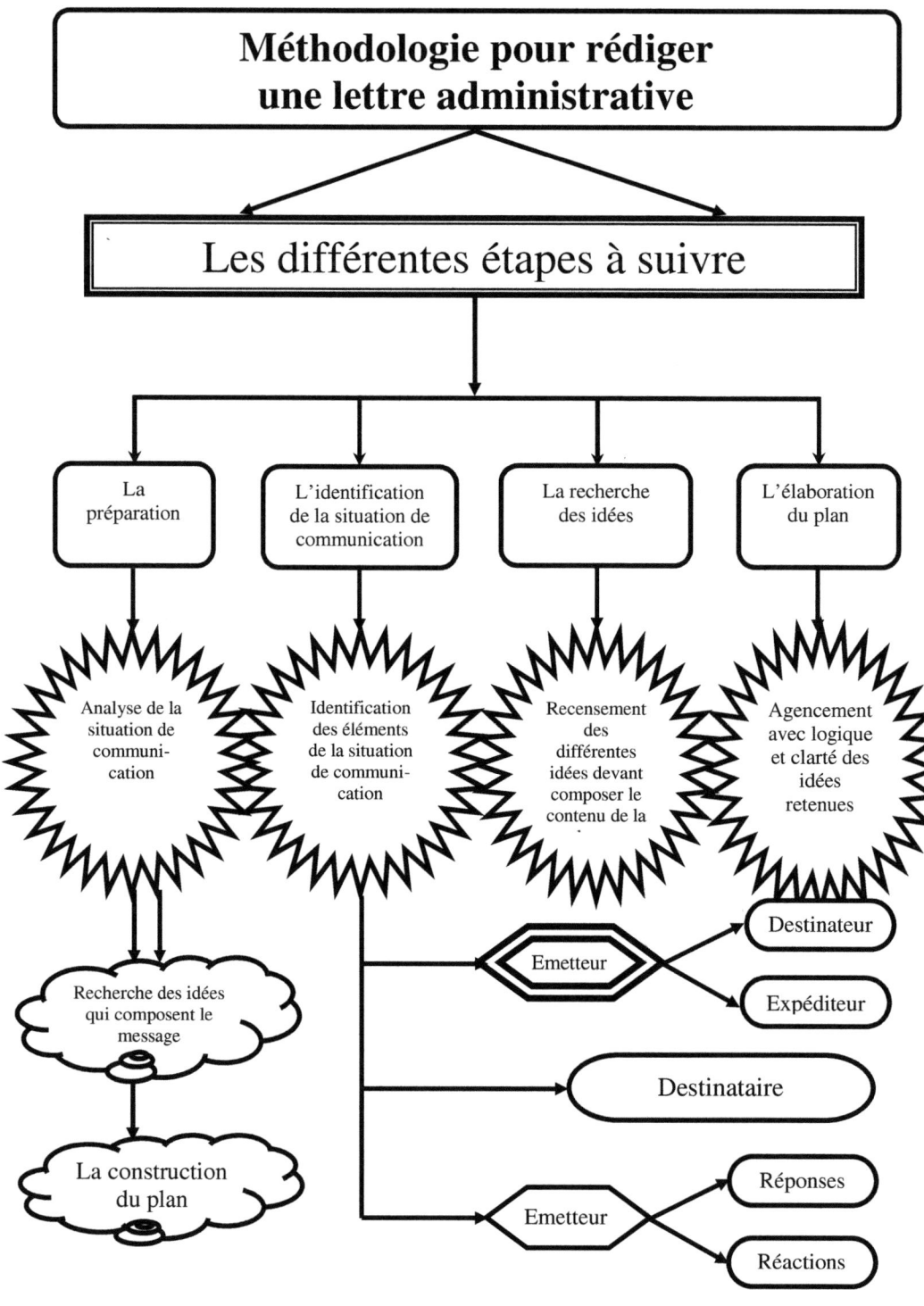

Règles à respecter pour rédiger une lettre administrative :

↪ Faire des phrases grammaticalement correctes ;

↪ utiliser correctement les articulateurs logiques ;

↪ utiliser un vocabulaire précis ;

↪ utiliser correctement la ponctuation ;

↪ éviter les fautes d'orthographe ;

↪ s'abstenir de faire des phrases à répétition superflue.

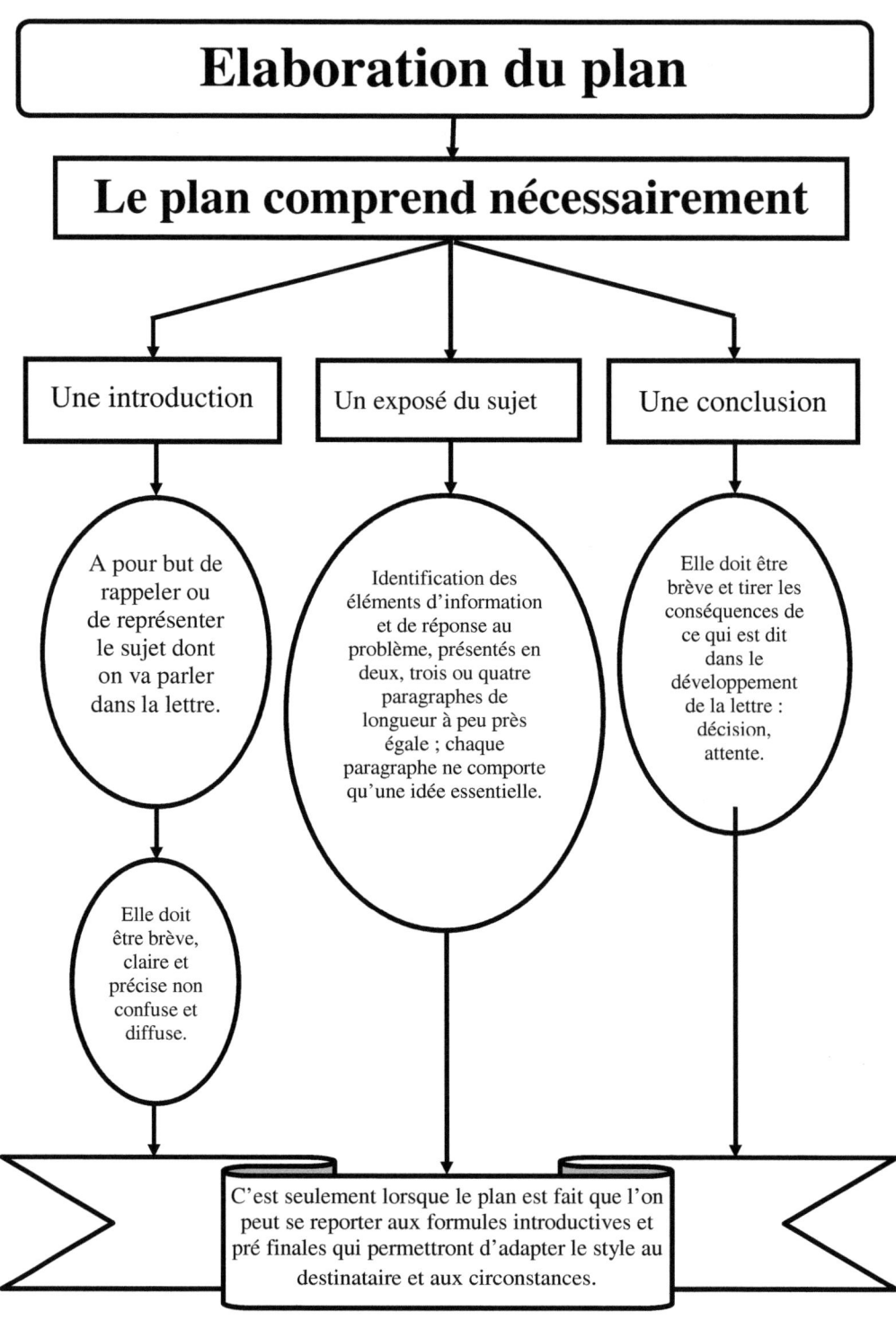

Les composantes du plan

Comme il a été indiqué précédemment, le plan comprend obligatoirement une introduction, le corps du sujet et une conclusion. Ceci, on ne le répétera jamais assez, est valable même pour une simple lettre, si courte soit-elle.

a – L'introduction

Elle a pour objet de préparer, de prévenir le lecteur, de le mettre au fait de ce qui va suivre, en une ou deux phrases. Dans la rédaction administrative, l'introduction a une importance particulière, car elle doit comporter un certain nombre d'éléments indispensables (dates des correspondances antérieures, objet de ces correspondances, etc.)

Cependant, si l'introduction doit être substantielle, elle doit en même temps être brève, claire, précise. Il faut sans cesse se répéter que ce qui n'est pas utile à la bonne compréhension doit être éliminé.

b - Le corps du sujet :

Sans prétendre, comme on le fait dans certaines institutions, que l'on ne peut penser – donc exposer – qu'en deux parties, il est certain que le corps du sujet doit se diviser en deux, trois ou quatre parties (maximum), afin que le plan s'impose facilement et clairement à l'esprit du lecteur. Il faut également, dans la rédaction du corps du sujet, mettre en application les deux principes suivants :

- l'équilibre entre les diverses parties ;
- la loi de l'intérêt croissant, en présentant d'abord les faits ou arguments les moins importants, pour terminer par ceux qui sont décisifs.

c - La conclusion :

Comme l'introduction, elle doit être brève. Elle doit tirer les conséquences de ce qui est dit dans le corps du sujet : décision, attente, etc. Cette conclusion doit être soignée tant dans le fond que dans la forme, car le lecteur reste toujours sous l'impression des dernières phrases.

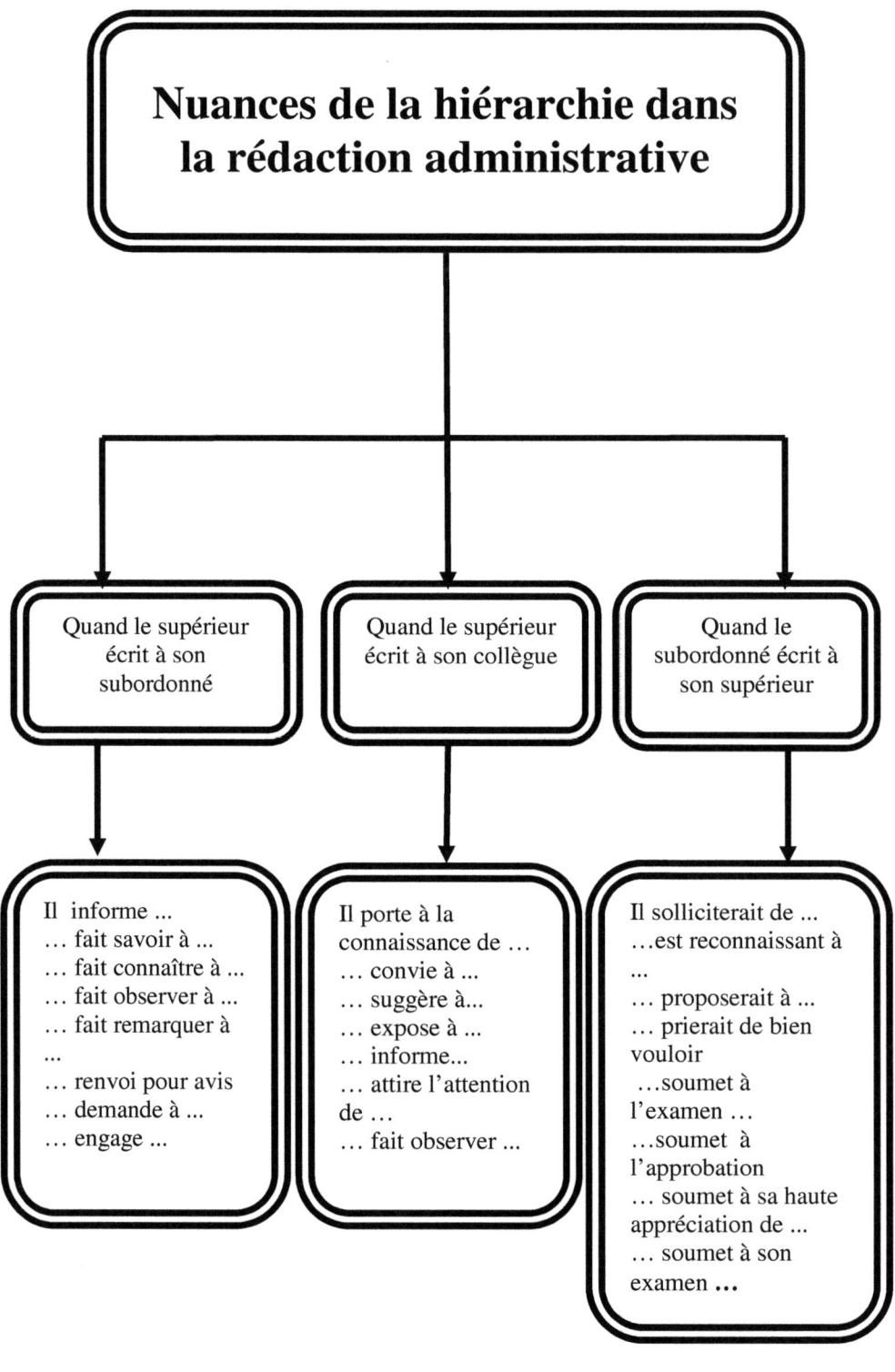

Les principes de la rédaction administrative

La rédaction administrative est fondée sur trois (3) principes

Qui sont :

- Le respect de la hiérarchie
- Le sens des responsabilités
- La neutralité

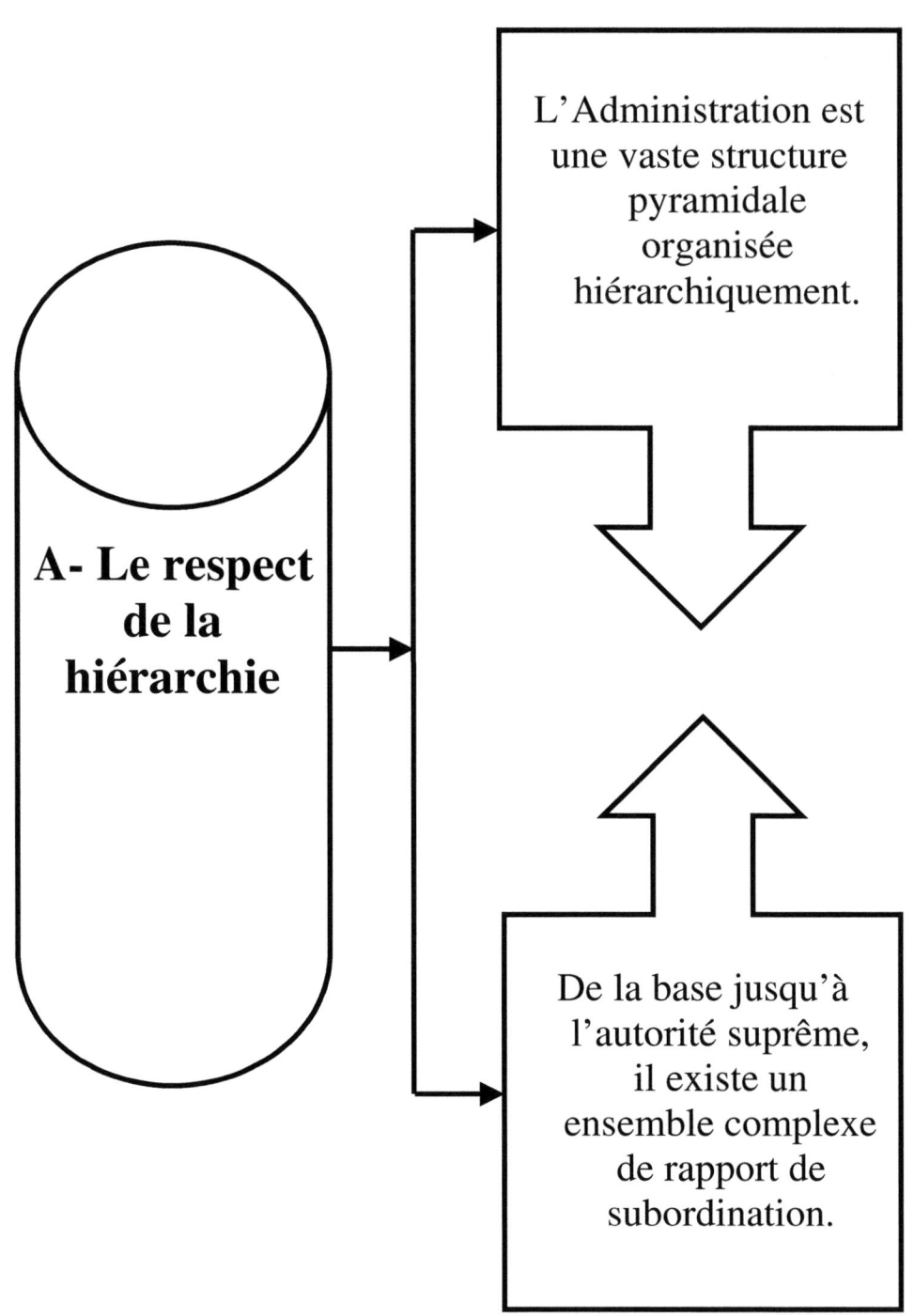

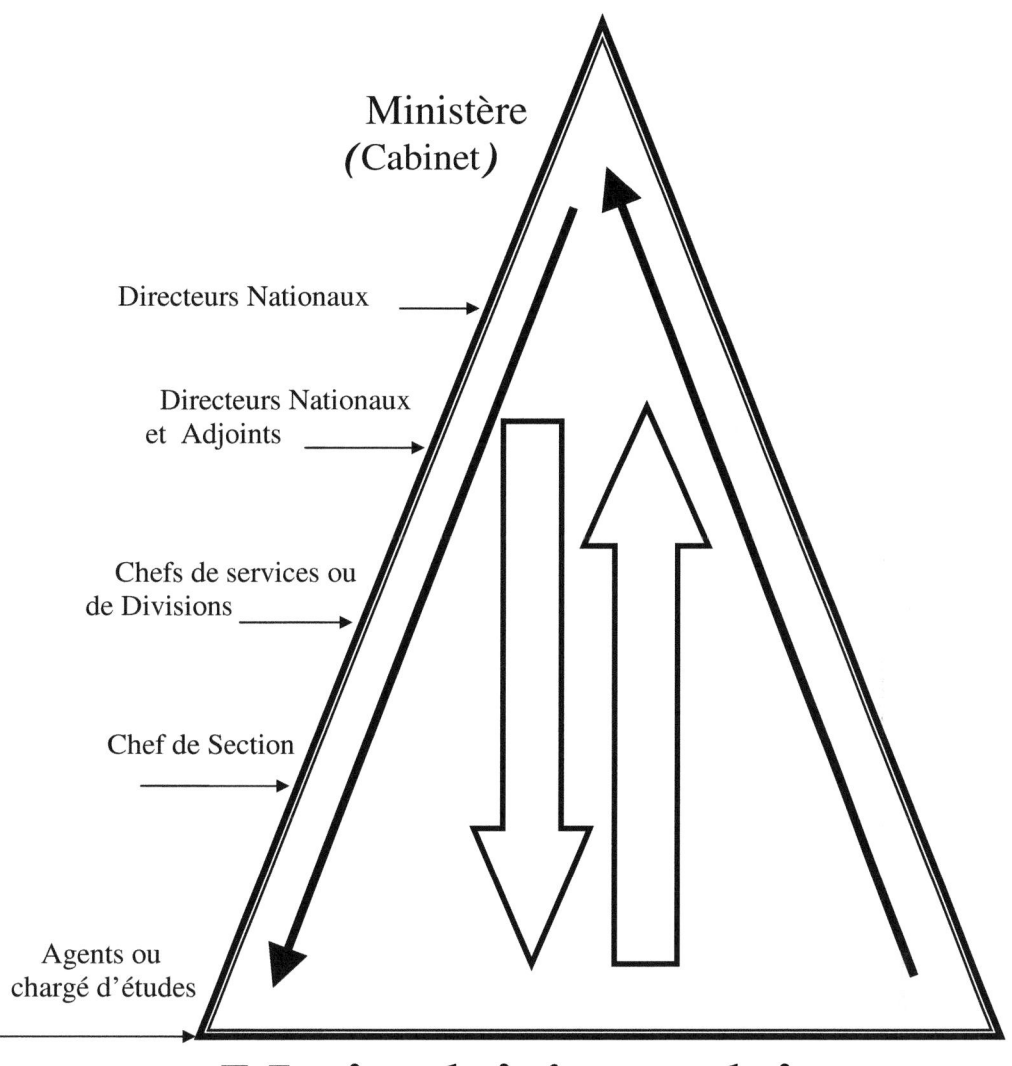

La voie hiérarchique

Caractéristiques principales

🌀 Une Administration est constituée par une succession d'échelons subordonnés les uns aux autres, c'est ce qu'on appelle la hiérarchie ;

🌀 le respect de cette hiérarchie et le bon fonctionnement des services exigent qu'un fonctionnaire ne corresponde pas directement avec une autorité supérieure sans passer (pour qu'elles soient informées et d'accord) par les autorités intermédiaires auxquelles il est subordonné ;

🌀 réciproquement une autorité ne correspond pas avec un fonctionnaire sans passer par les autorités intermédiaires.

Exemple : Le chef de Section des Accords, Conventions et Traités (SACT) n'écrit pas au Ministre des Affaires Etrangères sans passer par le chef de la Division juridique, le Directeur (ou son Adjoint) des Affaires Juridiques et Consulaires et de même le Ministre n'écrira pas au chef de la section sans passer par les structures intermédiaires décrites en sus ;

🌀 cette voie hiérarchique se traduit par l'indication : « sous couvert de … » ou « sous le couvert de … », voir le détail à la page 21.

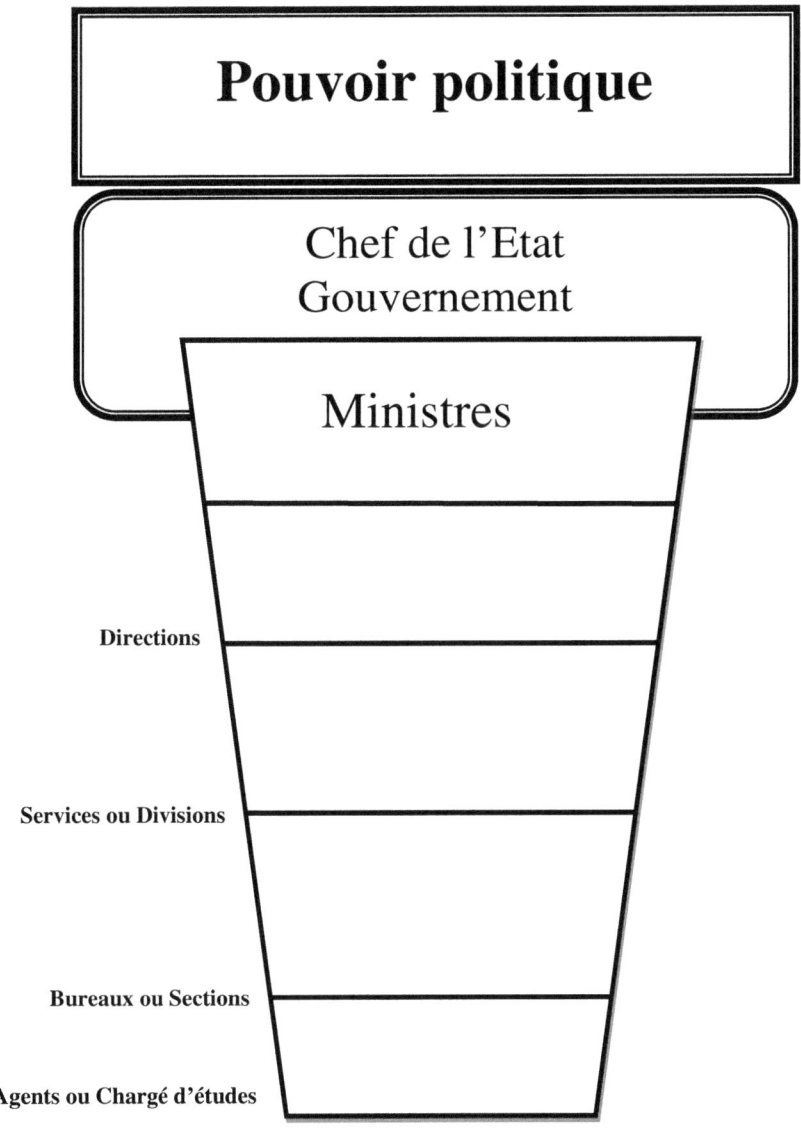

Voie hiérarchique de l'Administration

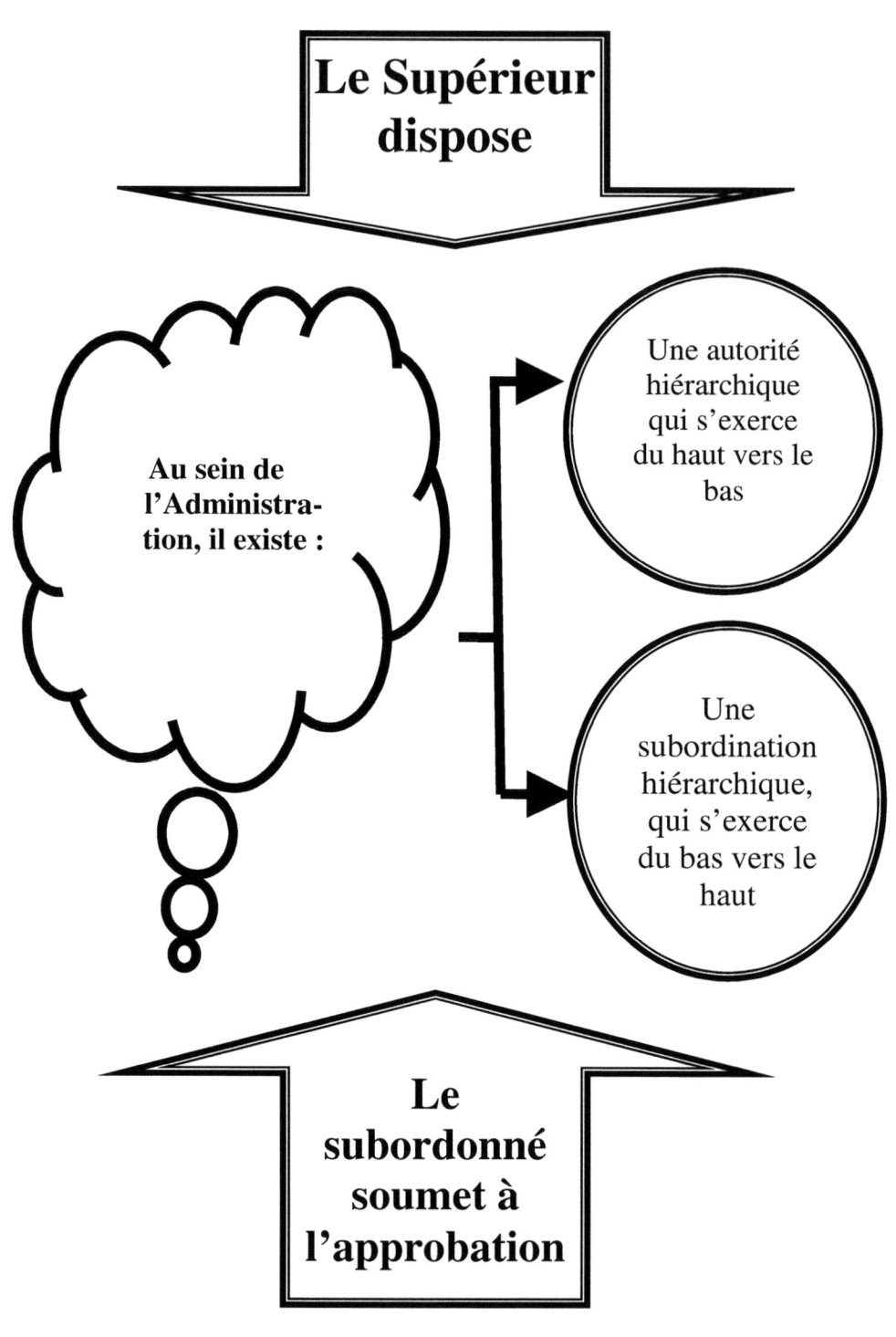

B- Le sens des responsabilités

Caractéristiques principales

- Les écrits de l'Administration l'engagent aux yeux du public ;
- l'autorité signataire d'un document endosse la responsabilité de son contenu même si elle n'en est pas l'auteur ;
- ce souci de la responsabilité se manifeste par le refus de l'anonymat ;
- toute signature sera suivie de sa transcription dactylographique et précédée de la mention de la qualité du signataire, éventuellement, de la délégation qui l'habilite.

   Exemple : Pour le Ministre par Ordre (P.O)
   Le Secrétaire Général /signature
   Prénom et nom du signataire.

- La correspondance sera rédigée à la première personne du singulier : le « je » marque la responsabilité de celui qui s'exprime.
- Voir les caractéristiques principales développées à la page 65.

Nota Bene :

- Le « nous » est habituellement employé dans la correspondance des sociétés commerciales qui sont constituées de plusieurs associés, il n'est pas d'usage dans l'Administration ;
- le pronom personnel « on » est à proscrire comme incompatible avec l'esprit de précision et de clarté qui doit caractériser la rédaction administrative ;
- la responsabilité du signataire implique la prudence, car en s'engageant lui-même, il engage aussi l'Administration toute entière ;
- il devra donc s'exprimer au conditionnel chaque fois qu'une décision dépend d'une autre autorité que la sienne, ou bien lorsqu'il rapporte les faits et les déclarations qu'il n'a pu lui-même vérifier et dont il n'a été qu'indirectement informé.

C-La neutralité

Caractéristiques

- ✓ L'Administration est au service de tous, elle représente l'intérêt général et non des intérêts particuliers ;
- ✓ elle doit donc faire preuve de neutralité tant à l'égard des autres Administrations que des usagers ;
- ✓ cette neutralité s'exprime à travers un souci d'objectivité et de courtoisie.

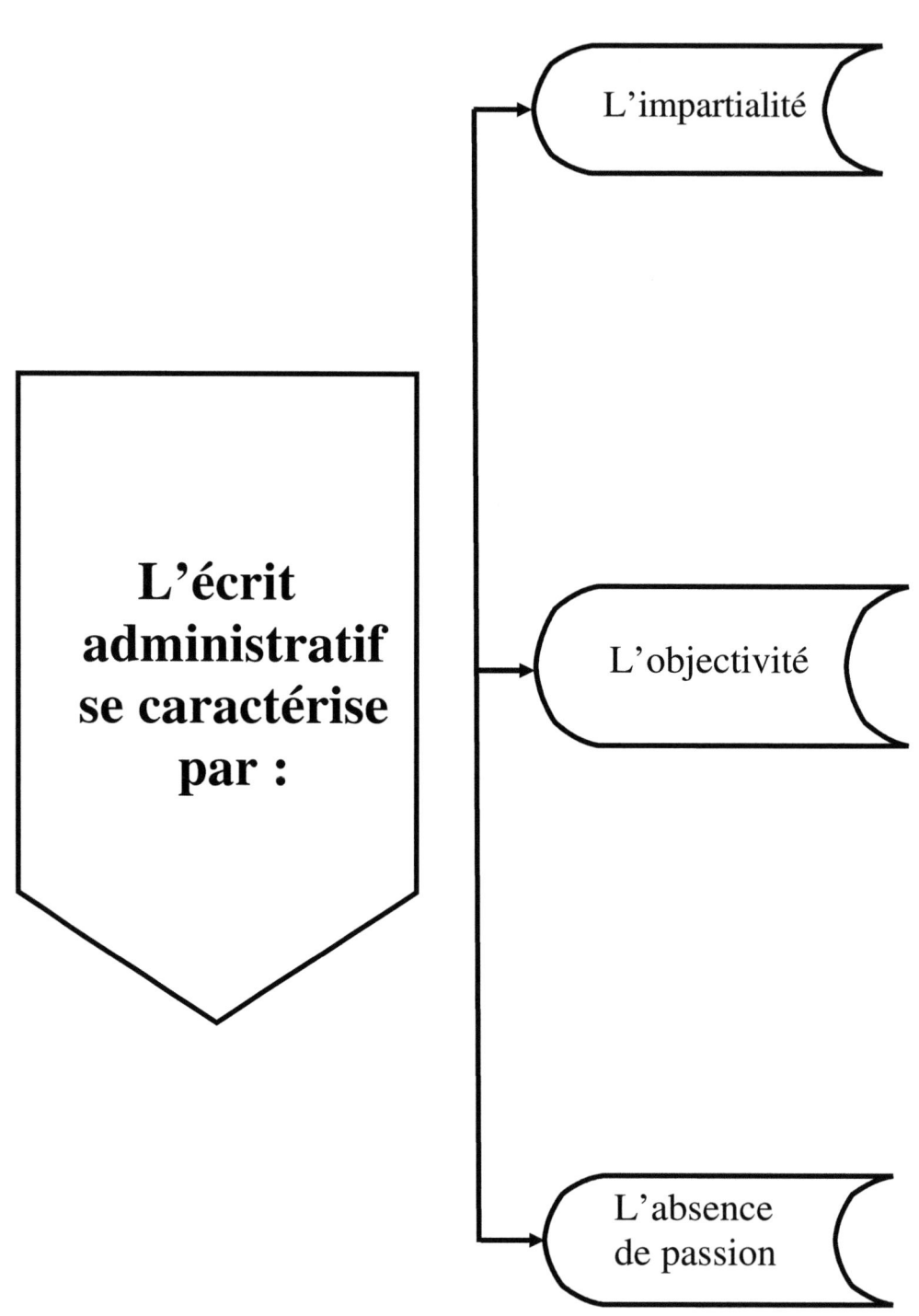

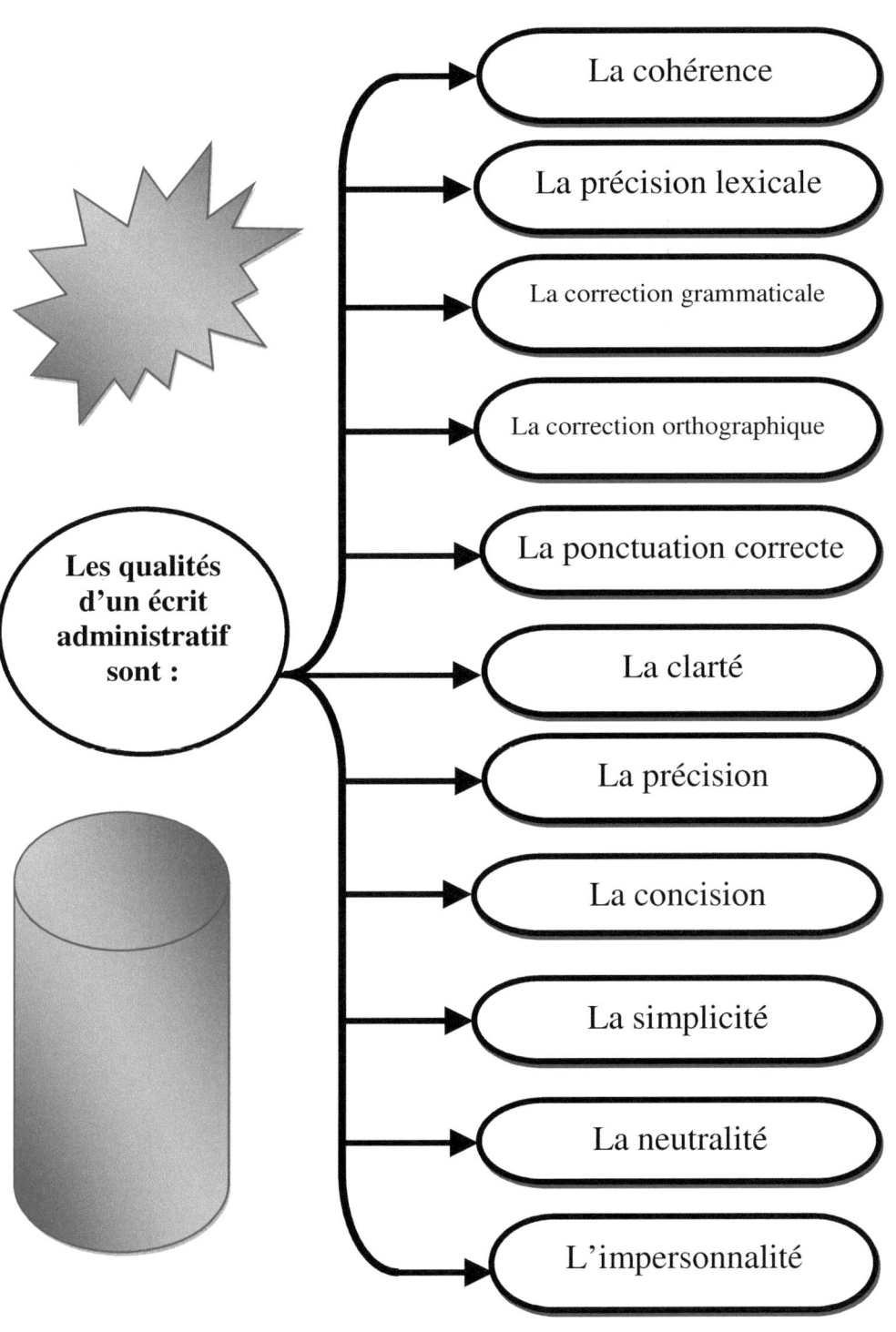

Les principales qualités des documents administratifs

Se résument comme suit :

1- La dignité
Caractéristiques principales

🕭 La nature de l'Administration, sa mission de service public qui la place au-dessus des intérêts particuliers, les attributions de puissance publique dont elle est revêtue, lui imposent de manifester cette dignité particulière de l'Etat dont elle émane dans toutes ses actions et notamment par la qualité de ses écrits ;

🕭 ce souci de dignité se traduit par la politesse et la courtoisie, mais également par une langue respectueuse des règles grammaticales ;

🕭 les mots sont choisis parmi ceux que le dictionnaire a consacrés. Ainsi :

🕭 pas de tournures grammaticalement douteuses ;

🕭 pas d'à peu près et de laisser-aller ;

🕭 pas de négligence ;

🕭 elle se traduit également par la considération que l'on manifeste à son interlocuteur dans la façon de s'adresser à lui.

2 - Le respect de la hiérarchie

Caractéristiques principales

✿ L'Administration est une vaste structure pyramidale organisée hiérarchiquement ; de la base jusqu'au ministère, il existe un ensemble complexe de rapports de subordination ;

✿ au-delà du Ministre qui est la charnière entre le pouvoir politique et l'Administration, une hiérarchie s'établit jusqu'au chef de l'Etat entre les institutions et organes politiques ;

✿ le respect de la hiérarchie crée une discipline sans laquelle régnerait l'anarchie la plus complète dans les services de l'Etat ;

✿ il se traduit constamment dans les écrits administratifs (et dans la manière de les transmettre) par des tournures et des nuances dans la formulation qui ont valeur de symbole, même si la marque de respect n'apparaît pas de façon évidente au profane ;

✿ les initiés, eux, y reconnaissent les marques de respect nécessaire au maintien de la hiérarchie entre les agents des services publics ;

✿ certaines expressions, certains termes ne sont utilisés que par le supérieur s'adressant au subordonné, d'autres sont réservés au subordonné s'adressant à son supérieur ;

✿ certaines tournures sont également employées entre égaux ou par le supérieur lorsque celui-ci ne veut pas faire ressentir la supériorité de sa position.

Quelques tournures et nuances exprimant le respect de la hiérarchie

1- Relation entre égaux ou avec les tiers :
Exemple : Je vous serais très obligé de …
J'ai l'honneur de vous informer … ; … faire connaître … ;… adresser …
… demander de bien vouloir …
- Entre égaux ou à un tiers : … suggérer … ; … proposer …

2- De subordonné à subordonné :
- J'ai l'honneur de vous faire connaître (faire savoir), qu'une réunion aura lieu le … à laquelle vous êtes convié (je vous prie d'assister) ;
- Je tiens à (je crois devoir) vous faire observer (vous faire remarquer) que… ;
- Je vous demande de me donner votre avis (de régler cette affaire) dans les meilleurs délais ;
- Je vous envoie ci-joint, pour étude, … ;
- Je vous engage à faire preuve de plus de circonspection à l'avenir … ;
- Je vous prie de veiller à la parfaite exécution de cette tâche … ;
- Je vous prie de bien vouloir me transmettre … ;
- J'attache du prix (un grand prix, le plus grand prix) à la réalisation rapide de ce projet… ;
- J'attache de l'intérêt (un grand intérêt, le plus grand intérêt) au résultat de … ;
- Je vous ordonne d'être dorénavant présent à 7 h 30 à votre poste.

3- De subordonné à supérieur :
- J'ai l'honneur de vous rendre compte des résultats de ma mission, de vous exposer les motifs de …. , de solliciter l'autorisation de …, de vous faire parvenir ci-joint, le rapport, de soumettre à votre (bienveillante attention)… ;
- Je vous prie (serais) très obligé de la bienveillante attention que vous voudrez bien porter à ma demande (à ma requête)… ;
- Je vous saurais gré de bien vouloir m'accorder l'autorisation de … Il me semble qu'il conviendrait de … ;

Remarque :
- Vouloir bien et bien vouloir (bienveillance, bonne volonté, bon vouloir) :
- Bien, placé avant, atténue l'expression de la volonté.
- Bien, placé après, renforce (lorsque ces deux constructions sont possibles).

3- Le sens des responsabilités

Caractéristiques principales

🖎 Les écrits de l'Administration l'engage ;

🖎 l'autorité signataire d'un document endosse la responsabilité de son contenu même si elle n'en est pas l'auteur ;

🖎 ce souci de la responsabilité se manifeste par le refus de l'anonymat ;

🖎 toute signature sera suivie de sa transcription dactylographique et précédée de la mention de la qualité du signataire, éventuellement, de la délégation qui l'habilite ;

🖎 la correspondance est signée en principe par la plus haute autorité du service ;

🖎 la correspondance sera rédigée à la première personne du singulier ; le « je » marque la responsabilité de celui qui s'exprime ;

🖎 le « nous » est habituellement employé dans la correspondance des sociétés commerciales qui sont constituées de plusieurs associés, il n'est pas d'usage dans l'Administration ;

🖎 le « nous » se trouve cependant parfois dans certains textes réglementaires ou dans des procès verbaux ; c'est un pluriel de majesté ; l'autorité signataire représente le souverain, et le roi dit : « Nous voulons » ;

🖎 dans le deuxième cas, ce serait plutôt un pluriel de modestie, l'identité de l'agent verbalisateur s'effaçant derrière sa fonction de représentant de l'Etat ;

🖎 le « nous » est employé dans les actes réglementaires (décrets, arrêtés, décisions ;

🖎 la responsabilité du signataire implique la prudence, car en s'engageant lui – même, il engage aussi l'Administration toute entière.

➢ Illustration de la responsabilité

On n'écrira pas :

🕿 On dit que …

🕿 On m'a signalé que…

🕿 Nous avons bien reçu votre lettre relative …

🕿 Nous estimons que cette situation doit être suivie de près …

🕿 J'ai appris par Mr Boubacar que vous êtes rendu coupable de malversation …

🕿 M. CONDE m'a signalé le cas d'un dossier que vous n'avez pas traité dans les délais convenus…

🕿 Le docteur THIAM m'a signalé que vous lui avez demandé un certificat de complaisance …

Mais on écrira :

🕿 Il m'a été rapporté que…..

🕿 Il m'a été signalé que…..

🕿 J'ai bien reçu votre lettre relative…

🕿 J'estime que cette situation doit être …

🕿 J'ai appris que vous vous seriez …

🕿 Mon attention a été appelée sur le dossier de …. que vous n'auriez pas traité …

🕿 Il m'a été signalé que vous auriez sollicité …

4- L'objectivité

Caractéristiques principales

🖎 L'administration est au service de tous, elle représente l'intérêt général et non des intérêts particuliers ; elle se doit en conséquence d'être impartiale, objective et sans passion et de ne pas exprimer de sentiments personnels ;

🖎 le rédacteur est rarement le signataire du document ; il s'abstiendra de manifester des sentiments qui ne sont pas forcément éprouvés par le signataire ;

🖎 le signataire n'écrit pas en son nom, mais au nom de l'Administration et en raison des fonctions qu'il exerce au sein de la structure administrative ; ces fonctions sont indépendantes de la personne du titulaire ; elles sont antérieures et seront postérieures à celle-ci ;

🖎 le texte signé doit pouvoir être accepté par n'importe quel autre agent investi des mêmes fonctions ;

🖎 le rédacteur évitera les expressions présentant un caractère trop personnel, arbitraire, émotionnel ou joyeux, tristesse, impatience, bonne ou mauvaise humeur ;

🖎 l'objectivité garantit l'unité et la continuité de l'action administrative en dépit du changement des agents.

Remarque :

🖎 Futur ou conditionnel : la demande change de ton ;
« J'ai le regret » est admis à la place de « J'ai l'honneur de » pour atténuer (humaniser) une réponse négative ; « J'ai le plaisir de » peut être employé ;

🖎 la correspondance à forme personnelle pour annoncer à un interlocuteur connu du signataire un évènement agréable, une décision favorable (à l'occasion d'une promotion, d'une distinction honorifique, d'un succès à un concours, etc.)

Modèles d'objectivité (Suite)

On n'écrira pas :

🎵 Je vous annonce que… (évoque l'idée de surprise ou de soudaineté) ;

🎵 Dans l'espoir d'une réponse favorable, je vous prie d'agréer….

🎵 Souhaitant recevoir rapidement votre réponse, je vous assure de mon indéfectible attachement ;

🎵 Je vous serais reconnaissant si vous pouviez me renvoyer ce dossier avant le ….

🎵 Je suis heureux que vous preniez ma requête en considération ;

🎵 Je suis vraiment désolé de ne pouvoir prendre votre requête en considération.

Mais on écrira :

🎵 J'ai l'honneur de vous faire connaître que…

🎵 Je vous prie d'agréer (supprimer ce qui précède)…

🎵 Je vous saurais gré de me faire parvenir votre réponse dans les meilleurs délais, et je vous prie d'agréer, Monsieur, l'expression de ma considération distinguée (de mes sentiments dévoués) ;

🎵 Je vous serais obligé ou je vous saurais gré de me renvoyer ce dossier avant le …

🎵 Je vous serais très obligé de bien vouloir prendre ma requête en considération… ;

🎵 J'ai le regret de vous faire connaître qu'il ne m'est pas possible de … (ou : je suis au regret de ne pouvoir prendre votre …)

5 - La courtoisie

Caractéristiques principales

✳ L'objectivité a pour conséquence la courtoisie ;

✳ elle est due aux administrés, qui sont également des citoyens, tous également dignes de respect ;

✳ elle s'applique aussi entre les services où elle se manifeste déjà par le respect des nuances hiérarchiques ;

✳ l'écrit administratif évitera les expressions désobligeantes, injurieuses ou péjoratives, les appréciations trop sévères, blessantes pour la dignité ou l'amour propre de celui qui en est l'objet ; On se gardera des refus brutaux qui rendraient choquantes les réponses négatives que l'on est amené à formuler, ainsi que des ordres trop secs ou trop impératifs, sauf nécessité absolue ;

✳ on ne mentionnera pas les noms de tiers informateurs lorsque cela est susceptible de leur attirer des ennuis ; toutes ces recommandations sont valables aussi bien pour l'expression orale que pour la correspondance.

➢ Modèles d'expressions de courtoisie

On n'écrira pas :

🖋 Votre rapport est un tissu de sottises ;

🖋 Votre demande est ridicule.

🖋 Comment avez-vous pu présenter une requête aussi stupide ?

🖋 Je refuse votre demande ;

🖋 Je regrette catégoriquement votre dossier ;

🖋 Je ne peux pas vous répondre maintenant, veuillez reformuler votre demande plus tard ;

🖋 Transmettez-moi ce dossier.

🖋 Tachez d'apporter plus de soin aux affaires qui vous sont confiées ;

🖋 Le Docteur Koïta m'a signalé que vous avez fait une fausse déclaration relative à votre état de santé.

Mais on écrira :

🖋 Votre rapport manque de réalisme (me paraît comporter beaucoup d'erreurs) ;

🖋 Votre demande me paraît peu fondée ;

🖋 Je ne comprends pas comment vous avez pu présenter une telle requête (une requête aussi mal venue) ;

🖋 Il ne m'est pas possible de donner une suite favorable à votre demande ;

🖋 J'ai le regret de vous faire connaître qu'il …..

🖋 J'ai pris bonne note de votre demande que j'ai soumise à l'étude de mes services compétents. Je ne manquerai pas de vous informer dans les meilleurs délais de la suite qui lui sera réservée ;

🖋 Je vous prie de me transmettre...

🖋 Je vous serais obligé d'apporter…(ou « J'attacherai du prix à ce que vous apportiez » …)

🖋 Il m'a été signalé que …

6- La prudence

Caractéristiques principales

🎵 Cette qualité est indispensable du sens des responsabilités, de l'objectivité et de la courtoisie ;

🎵 l'écrit administratif doit toujours être imprégné de prudence car :

🎵 il engage la responsabilité de toute l'Administration ;

🎵 toute faute, erreur ou négligence révélée par un écrit sera imputée par le public à l'ensemble de l'Administration, voire au Gouvernement ;

🎵 la mesure prise par un fonctionnaire doit pouvoir être acceptée par son successeur dans l'optique de la continuité de l'action administrative ;

🎵 tout jugement mal fondé peut apporter un préjudice grave et injustifié à la personne qui en est l'objet ;

🎵 les affirmations, les appréciations et les souhaits seront nuancés et le plus souvent exprimés au conditionnel ;

🎵 il est parfois nécessaire de ne pas trop engager l'avenir et de se ménager la possibilité de revoir les décisions en fonction de données nouvelles.

➢ Modèles exprimant la prudence

On n'écrira pas :

🖉 Je rejette définitivement votre demande.

🖉 Il faut réviser à tout prix cette position.

🖉 D'après les rumeurs qui me sont parvenues vous vous êtes rendu coupable d'abus de pouvoir.

🖉 Vous avez complètement oublié les dispositions de la circulaire N°… du … que pourtant vous devriez bien connaître.

🖉 Il faut que nous présentions immédiatement une contre-proposition.

🖉 D'après mes informations la situation s'est améliorée mais elle n'est pas encore bien fameuse.

🖉 Je n'ai pas encore vu votre dossier ni reçu le rapport de … mais je vous donnerai une réponse après-demain sans faute.

🖉 M.FOFANA m'a dit que vous étiez parti en voyage touristique dans le Nord pendant votre congé de maladie.

Mais on écrira :

🖉 Il ne m'est pas possible de donner suite à votre demande (ou « Dans les circonstances actuelles ; dans l'état actuel du dossier, il ne m'a pas paru possible de …. »).

🖉 J'estime qu'il conviendrait de réviser…(ou « Je pense pour ma part qu'il serait souhaitable de revoir cette position »).

🖉 D'après les rumeurs… vous vous seriez rendu coupable de …

🖉 Vous n'ignorez pas les dispositions de la circulation N° ……. du … qui précise notamment que…

🖉 Il me semble qu'il conviendrait que nous présentions une contre-proposition dans les plus brefs délais.

🖉 Il me semblerait que la situation se soit améliorée mais je pense pour ma part qu'il reste encore beaucoup à faire.

🖉 Il me manque encore certains éléments (qui doivent m'être fournis incessamment) pour apprécier votre dossier mais soyez rassuré que je m'efforcerai de vous donner une réponse dans les meilleurs délais.

🖉 Il m'a été signalé que vous seriez parti.

7-La précision et l'exactitude

Caractéristiques principales

🎵 Ces qualités sont nécessaires à un document qui est un document de travail : il doit être compris de la même manière par tous les lecteurs éventuels, qui ne doivent pas avoir d'hésitation pour en appliquer les dispositions ou en tirer les conséquences ;

🎵 les documents insérés dans un dossier doivent permettre à tout fonctionnaire de reprendre une affaire instruite par son prédécesseur ;

🎵 si tout ce qui comporte des aléas doit être exprimé avec prudence, tout ce qui est certain et vérifié doit être exposé avec exactitude et précision, et dans un langage uniforme dans le pays tout entier ;

🎵 sont obligatoires toutes les mentions permettant d'identifier le document et de retrouver ses antécédents (date, N° d'enregistrement, objet, référence, identité des signataires et du destinataire) ;

🎵 la date sera portée de façon claire et précise, et en entier : quantième en chiffre, mois en lettres, année en chiffres, sauf dans les procès verbaux ;

🎵 les références sont complètes, tant lorsqu'il s'agit de correspondance antérieures que de textes réglementaires ;

🎵 on évitera les sigles, obscurs pour le non-initié une première fois l'appellation complète en toutes lettres dans les mêmes documents (sauf dans le N° d'enregistrement et la référence) ;

🎵 lorsqu'on se réfère à un texte réglementaire, on en exposera succinctement la partie utile, celle sur laquelle on fonde son argumentation.

🎵 voir précédemment, les caractéristiques de ces mentions dans la rubrique : « Mentions d'identification du document administratif. »

❖ Un document administratif est un instrument par excellence de travail

a - Exigence

- Instrument par excellence de travail ;
- compréhension rapide et identique pour tous les utilisateurs ;
- identification et classement facile et aisé ;
- l'instruction d'une affaire doit pouvoir être faite par plusieurs agents successifs.

b - Moyens

Obligatoire de faire figurer :
- mention d'indentification du document lui-même ;
- de ses antécédents ;
- du signataire ;
- du destinataire ;
- de l'affaire ou du sujet traité ;

c - Exclusions

- Dates abrégées ou approximatives ;
- références incomplètes ou imprécises ;
- abréviations fantaisistes et insensées ;
- sigles non explicités d'abord par l'appellation complète.

➢ Modèles exprimant la précision et l'exactitude

On n'écrira pas :	Mais on n'écrira :
✏ Conakry, le 06 – 08 - 65	✏ Conakry, le 06 août 1965
✏ Suite à votre lettre du 28 courant	✏ Comme suite à votre lettre du 28 septembre 2009 ;
✏ En réponse à votre lettre sus-référencée ;	✏ En réponse à votre lettre N°……/…..du 28 septembre 2009 ou : en réponse à votre lettre citée en référence (ou : dont la référence figure ci-dessus) ;
✏ N°MAE/DAJC/DJ/SACT/2009 N°2009 /DAJC/MAE ;	N°209/**MAE/DAJC/DJ** (le numéro en premier puis les services dans l'ordre hiérarchique : Ministère, Direction, Division, Section) ;
✏ Référencé : dossier de l'intéressé ;	✏ Référence : dossier X….. (nom de l'intéressé, grade…. Matricule N°…) ;
✏ Votre référence… Notre référence ... (Style commercial) ;	✏ Référence : votre lettre N°209/MAE/DAJC/DJ/SACT du 28 septembre 2009 ;
✏ Référence : votre dernière visite, votre appel téléphonique, notre dernier entretien ;	✏ Référence : votre visite du … (référence : notre entretien du 2 Octobre dernier Référence : votre appel téléphonique du … ;
✏ Le CFMAE organise une session … le … ;	✏ Le Centre de formation du Ministère des Affaires Etrangères organise … le …;
✏ Conformément au décret 082 vous devriez…	✏ Conformément aux dispositions de l'article du décret N°082 du … portant … vous devriez …

Remarque: La formule : « notre référence » est à proscrire car dans l'Administration, c'est le N° d'enregistrement et la date de la lettre envoyée qui en constituent la référence.

8 - La clarté, la concision, l'efficacité

Caractéristiques

- Ces qualités découlent des précédentes : la précision et l'exactitude ;
- un texte est clair s'il est précis et exact, mais il l'est d'autant plus que l'on utilise le mot juste et bien à sa place, en s'interdisant les digressions inutiles, les phrases et formules trop complexes ;
- s'il faut éviter le style bâclé que donne une succession de phrases trop courtes et mal liées entre elles, si parfois une phrase longue mais bien charpentée exprime mieux la pensée que plusieurs phrases courtes, dans l'ensemble on gagnera en clarté en évitant les longueurs ;
- il est recommandé de dire seulement le nécessaire, en utilisant la formule exprimant exactement les faits ou la pensée, et écarter l'accessoire ou le superflu ;
- la concision s'impose en outre si l'on n'oublie pas que l'écrit administratif est un instrument de travail : le lecteur ne doit pas perdre de temps à sa lecture, mais doit y trouver rapidement tous les éléments qui lui sont utiles ;
- chaque document doit faire avancer le problème traité vers la solution la meilleure, ou permettre de l'atteindre dans le meilleur délai ;
- le rédacteur s'efforcera de résoudre les problèmes qui sont de la compétence du signataire. Si le correspondant s'est trompé de service, le rédacteur transmettra directement et rapidement sa lettre au service compétent tout en avisant l'expéditeur de ce transfert. Si l'on doit donner des explications à un correspondant, on le fera clairement et complètement ;
- en somme, on mettra tout en œuvre pour éviter les pertes de temps, aussi bien pour les administrés que pour l'Administration.

9 - L'homogénéité

Caractéristiques

- L'homogénéité du style administratif est le résultat de l'observation par tous les rédacteurs, à quelques services qu'ils appartiennent et quel que soit leur lieu d'affectation, des règles exprimées antérieurement ;
- à travers ces règles, le rédacteur s'efface derrière l'Administration qu'il représente ;
- l'homogénéité du style exprime ainsi la prééminence et la permanence de l'Administration ;
- chacune des qualités de l'écrit administratif ci-dessus évoquées et examinées a une justification précise ;
- elles deviennent donc des normes de rédaction qui s'imposent à tout rédacteur administratif, objet du présent guide pratique qui facilite l'usage des mentions évoquées ainsi que des expressions utilisées.

La Note administrative

Catégories de Notes

- Selon qu'elles servent à un échange entre deux interlocuteurs
- Selon qu'elles servent à la transmission de portée générale à des destinataires multiples

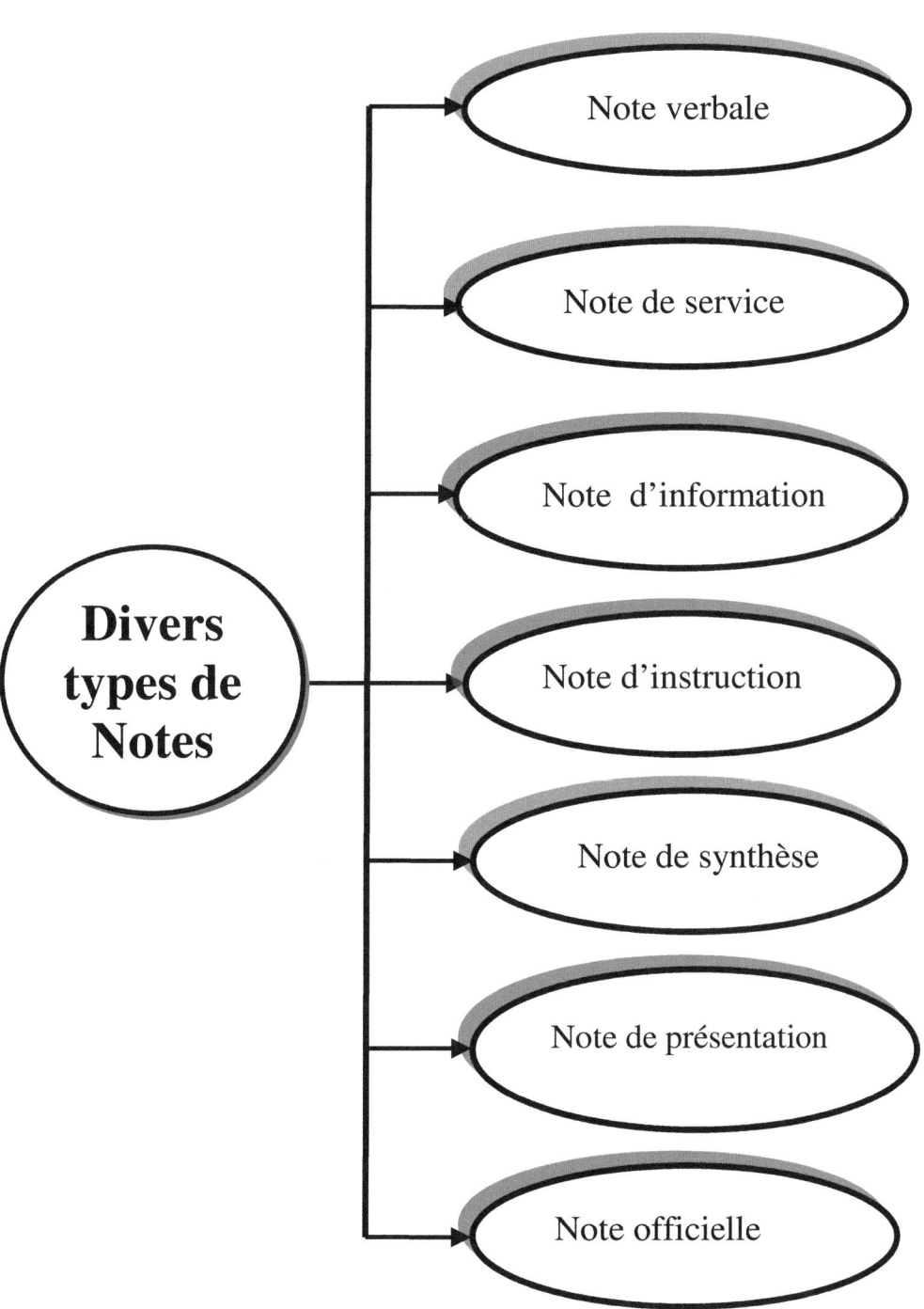

III - La correspondance diplomatique

Est la correspondance échangée entre :
- un Ministère des Affaires étrangères et une Ambassade ;
- un Ministère des Affaires étrangères et une Représentation d'Institutions internationales ;
- les Missions diplomatiques et consulaires entre elles ;
- les Représentations des Institutions internationales entre elles ;
- les Missions diplomatiques et consulaires et les Représentations des Institutions internationales.
- Se fait sous les formes suivantes :
  - ✓ la Note verbale ;
  - ✓ le mémoire, aide - mémoire ou mémorandum ;
  - ✓ la Note officielle, lettre officielle ;
  - ✓ la lettre particulière.

1 - La Note verbale

Forme de la rédaction administrative qui n'est admise que dans le cadre de la diplomatie

Les caractéristiques principales de la Note verbale

- Cette Note – qui n'a rien de verbale – commence toujours par une formule standard et se termine par une formule consacrée ;
- elle est rédigée à la troisième personne du singulier (il ou elle) ; les autres pronoms personnels (tu, nous, vous, ils ou elles) ne sont jamais utilisés dans une Note verbale ;
- elle porte sur toutes sortes de sujets relatifs au travail diplomatique ;
- elle accompagne souvent la démarche diplomatique entamée lors d'un entretien ou d'une consultation;
- elle n'est pas signée par son auteur, elle est plutôt paraphée.
- Comme toute autre forme de rédaction, la Note verbale comprend trois (3) parties essentielles :
  - ➢ une introduction ;
  - ➢ un développement ;
  - ➢ une conclusion.
- L'adresse du destinataire se trouve en bas et à gauche de la première page.

Elle engage la responsabilité de l'Institution émettrice et non son auteur.

La Note verbale est essentiellement échangée entre :

1- Le Ministère des Affaires étrangères et les missions diplomatiques et consulaires accréditées dans un pays ;
2- Le Ministère des Affaires étrangères et les Institutions internationales;
3- Les Ambassades et les Institutions internationales ;
4- Les Ambassades entre elles ;
5 - Les Institutions internationales entre elles.

La Note verbale (Suite)

Caractéristiques principales

- De manière générale, l'appellation « **NOTE** » est donnée à l'ensemble des correspondances échangées entre les Missions diplomatiques et consulaires ;

- sert à éclaircir certains points de discussion, ou à résumer une conversation importante, ou à communiquer certaines informations ;

- elle est rédigée sur papier à en-tête, sans objet ou référence ni formule d'appel détachés du texte, elle commence et finit par une formule de courtoisie ;

- elle porte au-dessus du texte, au milieu de la ligne, le titre dactylographié en majuscule : « **NOTE VERBALE** » ;

- elle porte également un numéro d'enregistrement sous le timbre ;

- la date, avec indication du lieu d'origine, est placée sur la ligne qui suit la dernière ligne du texte ;

- l'usage veut que cet emplacement marque une plus grande considération que la position classique en haut à droite de la première page ;

- elle n'est pas signée mais plutôt paraphée et porte le sceau du Ministère des Affaires Etrangères, de l'Ambassade ou de l'Institution internationale ;

- elle ne comporte pas de « **réclame** » en suscription, mais l'adresse du Ministère, de l'Ambassade est placée en bas à gauche de la première page, même si la note en compte plusieurs.

Rédaction de la Note verbale

Formule introductive

a-) Le Ministère des Affaires étrangères de la République … (nom de votre pays) présente ses compliments à l'Ambassade de la République … (nom du pays hôte) et, a l'honneur de porter à sa connaissance ce qui suit…

b-)- En réponse à la note de l'Ambassade de la République … (nom du pays) …
Comme suite, ou (donnant suite) ou (faisant suite) à …
Se référant à la note de l'Ambassade N°1965 du …

- ❖ Le Gouvernement de la République … (nom du pays) a examiné
- 🐾 en détail … ;
- 🐾 avec soin … ;
- 🐾 avec la plus grande attention … ;
- 🐾 minutieusement … ;
- 🐾 attentivement … le contenu de la note de l'Ambassade … (nom du pays), dont il accuse réception par la présente.
- ❖ Le Gouvernement du … (nom du pays), est tout
- 🐾 disposé … ;
- 🐾 disponible … ;
- ❖ C'est pourquoi, … ;
- 🐾 C'est pour cette raison … ;
- 🐾 Ainsi donc, le Gouvernement de la République … (nom du pays) ;
- ❖ Dans ce sens … ;
- 🐾 dans cet esprit … ;
- 🐾 dans ce cadre, le Gouvernement de la République …soutiendra (appuiera) la position … ;
- ❖ Le Gouvernement de la République … (nom du pays),
- 🐾 attache une importance… ;
- 🐾 attache du prix … ;
- 🐾 attache une grande valeur à …

Formule finale d'une Note verbale

Le Ministère des Affaires étrangères de la République de … (nom du pays) saisit (profite de) cette occasion pour renouveler (adresser, exprimer) à l'Ambassade de la République… (nom du pays), les assurances de sa haute considération.

2 - Les mémoires, aide-mémoires ou mémorandums

Sont présentés par le diplomate au cours de sa conversation, pour appuyer sa démarche verbale et éclaircir certains points principaux de sa conversation, concernant un sujet compliqué et susceptible de malentendus.

a - Les mémoires

Caractéristiques principales

🔸 Les **mémoires** (uniquement au masculin pluriel dans cette acception) sont des œuvres historiques et parfois littéraires ayant pour objet le récit de sa propre vie considérée comme révélatrice d'un moment de l'Histoire ;

🔸 plus précisément, il s'agit d'un recueil de souvenirs qu'une personne rédige à propos d'évènements historiques ou anecdotiques, publics ou privés, auxquels elle a participé ou dont elle a été le témoin ;

🔸 des mémoires ont été écrits depuis l'Antiquité, comme l'illustre l'exemple emblématique des commentaires sur la Guerre des Gaules de Jules César. Puis, le genre s'est établi au Moyen Âge avec Geoffroi de Villehardouin, Jean de Joinville ou Philippe de Commynes, avant de se développer à la fin de la Renaissance ;

🔸 le genre des Mémoires s'est maintenu jusqu'à aujourd'hui avec de grands textes au XXe siècle (Churchill, De Gaulle), mais aussi avec des témoignages de toute sorte et des récits de vie de célébrités souvent écrits avec l'aide de collaborateurs (Philippe Noiret, Mémoire cavalière) ;

🔸 les Mémoires appartiennent au genre autobiographique qui associe écriture de soi et récit de vie mais ils se distinguent de l'autobiographie définie par la critique moderne par le fait qu'ils mettent l'accent sur le contexte historique de la vie de l'auteur et sur ses actes plus que sur l'histoire de sa personnalité et sa vie intérieure ;

🔸 les mémoires relèvent donc prioritairement de l'Histoire et de l'historiographie. La qualité littéraire de certains textes les a fait reconnaître comme appartenant à la littérature et dans ce sens on peut parler d'un genre littéraire des Mémoires. Certains mémoires sont d'ailleurs considérés comme des chefs-d'œuvre littéraires ;

🔸 le travail sur le style, le questionnement de la mémoire et le souci de parler de l'humanité entière à travers le récit de sa vie sont la marque des Mémoires que la littérature place à l'égal des grandes œuvres des romanciers qui ont d'ailleurs souvent été fascinés par les mémorialistes et qui se sont nourris de leurs lectures comme Stendhal, Balzac, Dumas ou Marguerite Yourcenar.

b - Le Mémorandum

Caractéristiques principales

- Terme désignant un mémoire essentiellement destiné à décrire des faits se rapportant à un problème international. Le mémorandum, également appelé «aide-mémoire», accompagne souvent une note diplomatique ou une démarche diplomatique, par laquelle un Etat présente une demande particulière à un autre Etat.
- Ecrit diplomatique contenant l'exposé, le point de vue et les souhaits d'un Gouvernement sur une question en négociation.
- Note destinée à se rappeler de quelque chose ou à rappeler quelque chose à quelqu'un.

Qu'est-ce qu'une démarche diplomatique ?

- C'est l'intervention d'une Ambassade, ou de plusieurs Ambassades, auprès du gouvernement de l'Etat de résidence ;
- ces démarches, orales ou écrites, peuvent avoir des buts très différents: communication ou demande de renseignements, proposition d'ouverture de négociations, requête tendant à obtenir certains avantages, protestations etc.

3 - La lettre officielle

Formule d'appel

- Excellence, Monsieur l'Ambassadeur,
- Monsieur le chargé d'Affaires a. i,
- Monsieur, … ;
- Madame, … ;
- Mademoiselle, …

NB : Le nom du destinataire ne doit pas suivre.

Quelques formules introductives

a- J'ai l'honneur d'accuser réception de votre lettre du 18 septembre 200…

b- Je vous promets de faire suite à votre lettre du 06 août 19….. par laquelle vous avez eu l'obligeance de m'indiquer que…

c- En réponse à votre lettre d'hier, j'ai l'honneur de …

d- Il me serait très agréable que vous puissiez m'informer (aviser) dans les délais les plus courts, de…

e- Vous avez bien voulu (me faire savoir), m'informer dans votre lettre du …

f- Je vous confirme, la réception des documents que vous m'avez promis la semaine dernière, …

g- J'ai l'honneur de vous faire parvenir (de vous envoyer, de vous transmettre ci-joint, (ci-inclus), sous ce pli, en annexe) …

Quelques formules finales d'une lettre officielle

1- Je vous remercie vivement, par avance, de votre intervention et vous prie de croire à mes sentiments les plus distingués ;

2- Veuillez agréer, Monsieur, l'assurance de ma considération la plus distinguée ;

3- Je saisis (profite de) cette occasion pour vous (réassurer de) renouveler les assurances de ma haute considération ;

4- Je vous prie d'agréer, Monsieur le Ministre (NB : jamais cher Monsieur le Ministre), l'assurance (l'expression) de ma haute considération (mes sentiments les meilleurs, mes sentiments les plus sincères, mes très sincères sentiments…)

NB : Dans une Note très officielle, on écrit : « les assurances », mais dans les lettres officielles, on écrit plutôt « l'assurance ».

Les abréviations

« S.M » - pour « Sa Majesté » ; « S.A » - pour « Son Altesse » ;
« S.A.S » - pour « Son Altesse Sérénissime » ; « S.Exe » - pour « Son Excellence » ;
« S.Em » - pour « Son Eminence » ; « Mgr » - pour « Monseigneur » ;
« M. » - pour « Monsieur » ; « Mme. » - pour « Madame » ;
« Mlle » - pour « Mademoiselle » etc. ne sont admises qu'à double condition :

1- Que le nom ou le titre de la personne ainsi qualifiée suive immédiatement ;
2- Que cette personne ne soit pas la destinatrice de la missive (lettre).

Exemple :
- Dans votre entretien avec S.Exe. Monsieur l'Ambassadeur de ... vous...
- Veuillez faire observer à son Excellence que ...
- Le Ministre des Affaires Etrangères (nom du pays) présente ses compliments à Son Excellence l'Ambassadeur de … et a l'honneur de lui rappeler que ...

IV - La ponctuation

Définition

La ponctuation – est un ensemble de signes graphiques qui ont pour rôle de rendre compte à l'écrit à la fois de la syntaxe des énoncés (délimitations entre phrases et entre membres de phrases), des modalités énonciatives (interrogation, exclamation) et des phénomènes de prosodie (pauses, intonation et mélodie).

Nos signes de ponctuation sont le point (.), le point-virgule (;), la virgule (,), le point d'interrogation (?), le point d'exclamation (!), les deux-points (:), les points de suspension (...), les guillemets (« »), les parenthèses ( ) et les tirets (—). La plupart d'entre eux peuvent cumuler plusieurs valeurs.

Origine de la ponctuation

L'invention de la ponctuation est attribuée à Aristophane de Byzance (v. 257-180 av. J.-C.) qui mit au point un système de trois points répartis sur la ligne d'écriture (en haut, au milieu et en bas) correspondant à trois niveaux de ponctuation (respectivement forte, moyenne, faible). Mais il fallut en réalité attendre le développement de l'imprimerie pour voir s'instaurer la codification régulière encore en vigueur de nos jours.

La ponctuation (suite)

Caractéristiques

- Permet aux rédacteurs d'écrire des textes clairs et précis ;
- c'est un ensemble de signes non alphabétiques indispensables à la cohérence d'un texte écrit.

Les rôles de la ponctuation

- Elle indique les divisions d'un texte (phrases, propositions) ;
- elle marque certains rapports syntaxiques (causes, conséquences…) ;
- elle consigne les intonations et les nuances effectives d'un discours, d'un écrit.

Le sens de la ponctuation

| Une fonction purement grammaticale et dans ce cas, le rédacteur est obligé d'y avoir recours. | Une fonction expressive dans le cas de laquelle où c'est le rédacteur qui donne un sens personnel à sa ponctuation et non la structure grammaticale qui l'impose. |

Dans les textes à caractère administratifs, seule la ponctuation jouant un rôle grammatical et donc obligatoire est véritablement utilisée. Ainsi, la phase dénuée de tout style personnel réclame une ponctuation de base.

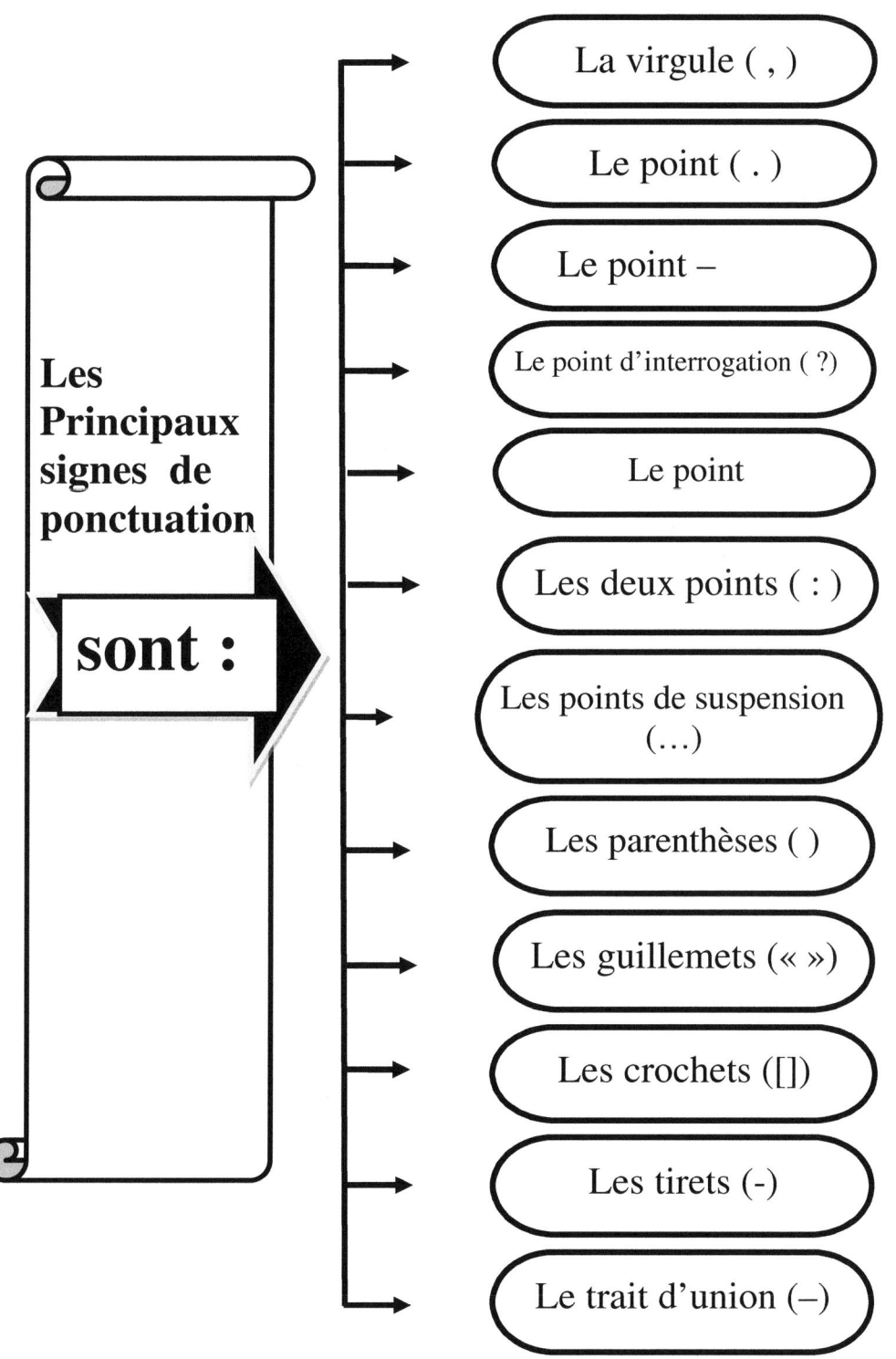

La virgule

Caractéristiques principales

🎵 Permet d'isoler les groupes, mobile de la phrase ;
🎵 elle sépare à l'intérieur d'une phrase par une conjonction de coordination telle que (et) ou (ou).
Exemple : Le Sénégal, le Mali, le Libéria, la Sierra Léone, et la Côte d'Ivoire sont des pays limitrophes de la République de Guinée.

Les rôles de la virgule

🎵 Elle sert à séparer les termes d'une énumération ;

🎵 elle sépare un nom placé à côté d'un autre pour le déterminer ;

🎵 elle détache l'apostrophe ;

🎵 elle isole dans une phrase une proposition intercalée ;

🎵 elle encadre, dans la phrase, un élément d'information qu'on veut détacher (date, circonstance, etc.)

Le Point (.)

Caractéristiques principales

- Signe essentiel de la ponctuation, le point termine la phrase et marque l'indépendance de l'énoncé dans le contexte ;

- il se place à la fin d'une phrase pour en marquer la limite droite, alors que la limite gauche est marquée par la majuscule ;

- il équivaut au STOP placé à certaines intersections pour marquer le passage à une autre idée.

- Pour marquer certaines abréviations, on met un point. Ce point abréviatif en fin de phrase se confond avec celui marquant la limite droite de la phrase ;

- le point est le signe de ponctuation utilisé dans les abréviations et dans les sigles.

  Exemple : O.N.U (Organisation des Nations Unies).

Le Point virgule (;)

Caractéristiques

- S'emploie, quant on veut séparer deux idées ou deux faits sans mettre entre eux la distance que marquent le point ;
- il implique une certaine relation entre les deux énoncés qu'il sépare ;
- à l'inverse du point, le point-virgule n'est pas suivi d'une majuscule, sauf s'il s'agit d'un nom propre ;
- en raison du fait que le point-virgule a pour effet d'allonger les phrases, il est cependant conseillé de ne pas abuser de son emploi.
- Exemple : Il n'y aura plus de vainqueurs ; il ne restera que des victimes de guerre.

Le Point d'interrogation (?)

Caractéristiques principales

- Tout comme le point d'exclamation, le point d'interrogation remplace le point à la fin d'une phrase interrogative et du coup, est suivi d'une majuscule ;
- il traduit l'interrogation directe ; autrement dit, toute interrogation.
  - **Exemple** : Qui était présent à la dernière réunion ?
- En règle générale, après un point d'interrogation on met une majuscule, sauf s'il s'agit d'une série de questions qui se complètent.
  - **Exemple** : Qu'as-tu apporté ? des documents authentiques ? des reproductions ?
- Les interrogations indirectes quant à elles, ne se terminent jamais par un point d'interrogation.
  - Exemple : Je ne sais pas qui était à la dernière réunion de l'Amicale des Frères Associés (AFA).

Le Point d'exclamation (!)

Caractéristiques principales

- Sert à signaler une phrase exprimant un sentiment comme la colère, la surprise, l'indignation etc.

  Exemple : Moi, avoir dérobé le sac de cette vieille dame !

- Un certain nombre de mots brefs, ayant presque la valeur de cris, sont toujours suivis de point d'exclamation. Evidemment, on n'emploie pas de majuscule après.

  Exemple : allô ! bon ! bravo !

- Le point d'exclamation se place notamment à deux endroits précis à savoir :

  • à la fin d'une phrase exclamative ;

  Exemple : Comme elle a grandi !

  • après les interjections.

  Exemple : Ah ! quelle journée magnifique !

- L'emploi de la majuscule après le point d'exclamation se fait de la même façon que concernant le point d'interrogation.

Les deux points (:)

Caractéristiques principales

- S'emploient en règle générale avec les guillemets pour insérer du discours direct dans le récit ;

- servent en premier lieu à annoncer une énumération ou une citation encadrée par des guillemets ;

- ils sont également utilisés pour souligner un lien logique entre deux propositions.
Exemple : Il pleut : je prends mon parapluie.

- après deux-points, on ne doit pas mettre de majuscule ;

- les deux-points évitent d'exprimer avec des mots, avec des phrases longues et argumentatives ;

- les deux-points sous-entendent car, donc une explication.

Les Points de suspension (...)

Caractéristiques principales

✒ Appelés également les trois points, les points de suspension mentionnent un élément manquant justiciable à une suppression, une interruption, un sous-entendu, une hésitation.
Exemple : Je ne vous raconte pas la fin ...

✒ Les Points de suspension peuvent avoir la même fonction que l'abréviation.

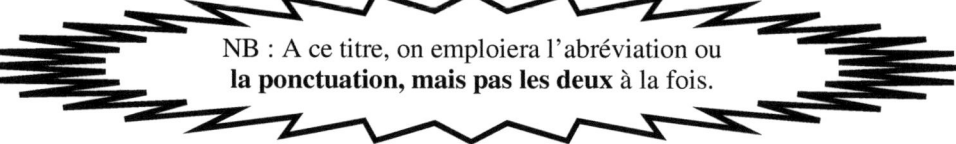

NB : A ce titre, on emploiera l'abréviation ou **la ponctuation, mais pas les deux** à la fois.

Exemple : Notre Institution est présente à Mamou, Dubréka, Kankan, ... (et non à Mamou, Dubréka, Kankan etc.)

✒ Sont aussi utilisés parfois dans l'intention de laisser le lecteur imaginer lui-même une suite.

Exemple : L'Etat se décidera t-il l'an prochain à donner la lumière à tout le monde ? C'est possible ...
La suite sous-entendue est : n'y comptez pas trop.

Les Parenthèses ( )

Caractéristiques principales

✢ Servent à isoler un plan différent, une expression servant à expliquer, à illustrer et à commenter incidemment le reste de la phrase ou l'un des mots de la phrase ;

✢ servent à insérer dans une phrase un élément de longueur variable, qui peut être un mot, une expression ou une phrase entière.

Exemple : Ce problème (je ne voyais pas où était le problème) avait l'air de le préoccuper.

Les Guillemets (« »)

Caractéristiques principales

- Sont employés généralement pour encadrer les paroles importées d'une ou de plusieurs personnes, les citations et les extraits d'un ouvrage ;

- ces éléments sont annoncés par deux points.

  Exemple : L'accusé a murmuré : « Ce n'est pas moi. » ;

- servent à mettre en valeur un mot ou une expression que l'on emploie de façon particulière du point de vue du sens, du registre, de la connotation. Dans cet autre cas, ils ne sont pas précédés de deux points.

  Exemple : Sa constatation avait un « léger goût » de reproche.

- Les Guillemets indiquent, en d'autres termes, que les mots placés dans l'intervalle qu'ils délimitent sont des paroles d'autrui citées directement.

Les Crochets ([ ])

Caractéristiques principales

- A la différence des guillemets qui encadrent les citations, les crochets servent à encadrer à l'intérieur d'une citation, les éléments extérieurs à la citation. Exemple : « Il [le père] leur rappela leur engagement » ;

- ils sont également utilisés lorsqu'on a besoin d'ouvrir une nouvelle parenthèse à l'intérieur d'une parenthèse ;

- en plus de leur vocation à suppléer aux parenthèses quand celles-ci sont déjà utilisées, les crochets permettent aussi d'encadrer les lettres ou les mots écrits en signes phonétiques ;

- les crochets permettent également d'indiquer une suppression d'éléments à l'intérieur d'une citation : [le père].

Les tirets (_)

Caractéristiques principales

A retenir

🡪 Les tirets indiquent le changement d'interlocuteur dans un dialogue ;
🡪 ils peuvent par ailleurs jouer un rôle comparable à celui des parenthèses en permettant l'insertion d'un élément dans une phrase.
🡪 Le tiret peut s'employer seul ou par paire :

a - employer seul, le tiret indique un changement d'intervenant dans le dialogue ;

b – employer par paire, le tiret peut jouer le même rôle que les parenthèses pour encadrer un élément annexe.

Exemple : Les hommes - je veux dire les êtres humains, hommes, femmes et enfants - ne sont naturellement, ni bons ni méchants.

Les Traits d'union (-)

Caractéristiques principales

Comme son nom l'indique, le trait d'union sert à :

🖋 indiquer qu'un mot a été coupé à la fin de la ligne. Autrement dit, quand on arrive au bout de la ligne, il faut interrompre le dernier mot et placer un trait d'union entre deux syllabes et non n'importe où, ce qui serait d'une lecture difficile ;

🖋 signe diacritique (qui sert de critère distinctif de sens ou de prononciation) en forme de petite barre horizontale qui relie les différents éléments d'un mot composé ou un verbe et un pronom postposé (placé après un autre mot) ;

🖋 élément qui fait office de lien intermédiaire (entre plusieurs choses ou plusieurs personnes).
Exemple : Le médiateur, S.E.M **Blaise COMPAORE**, Président de la République du Burkina Faso, a été le trait d'union essentiel de réconciliation entre le Conseil National pour la Démocratie et le Développement (CNDD) et les Forces vives en République de Guinée, suite aux évènements tragiques du 28 septembre 2009.

V - Structuration d'un texte écrit

Les articulateurs logiques

- Les articulateurs logiques sont d'une importance capitale pour un écrit quelconque, notamment les travaux écrits dans le cadre d'études de dossiers et pour la correspondance tout court ;

- ils permettent de relier les idées en vue de mieux structurer un texte écrit.

Principaux articulateurs et leur utilisation

Vous voulez	Utilisez	Exemples
Ajouter une idée qui peut renforcer la précédente	✓ Par ailleurs ✓ En outre ✓ De plus ✓ D'autre part	♪ Par ailleurs, je ne vois pas pourquoi… ♪ En outre, il convient de… ♪ De plus, la suite des évènements a montré que… ♪ D'autre part, vous conviendrez avec moi que…
Atténuer ce qui précède	✓ Du moins ✓ Encore (+ inversion)	♪ Du moins ai-je déclaré que… ♪ Encore faut-il préciser que…
Attiser l'attention sur un exemple ou un fait précis	✓ Notamment ✓ En particulier ✓ Quant à ✓ A propos de ✓ Au sujet de ✓ En ce qui concerne	♪ Cela créera les problèmes, notamment celui de… ♪ Amara CONTÉ aime les animaux et en particulier les chiens. ♪ Quant à votre lettre du… ♪ A propos de votre remarque, je tiens à vous préciser que… ♪ Au sujet de notre conversation téléphonique de la semaine dernière, je tiens à… ♪ En ce qui concerne les dépenses courantes, je vous invite à…

Concéder	✓ Certes… mais	↪ Certes vous êtes en droit de… mais je pense que…
Conclure	✓ Donc	↪ Je vous serais donc reconnaissant de bien vouloir…
	✓ En somme	↪ En somme, il est opportun d'indiquer…
Détromper	✓ En fait	↪ En fait, il n'a jamais été question de…
	✓ En réalité	↪ En réalité, le gouvernement ne veut pas…
Emettre des réserves	✓ Toutefois	↪ Toutefois, il serait souhaitable…
	✓ Cependant	↪ Cependant, nous aimerions…
	✓ Néanmoins	↪ Je dois néanmoins préciser que…
Exclure	✓ Excepter	↪ Excepté ce point de désaccord, je tiens à…
	✓ Sauf	↪ Sauf erreur de notre part…
	✓ Mis à part	↪ Mis à part ces détails à régler, il serait souhaitable…
	✓ Hormis	↪ Hormis le fait que…
Expliquer les conséquences	✓ De ce fait	↪ De ce fait, je n'ai pas pu…
	✓ C'est pourquoi	↪ C'est pourquoi, nous regrettons…
	✓ Par conséquent	↪ Par conséquent, je ne crois pas que…
	✓ En conséquence	↪ En conséquence, je vous demanderai de bien vouloir…
	✓ Pour toutes ces raisons	↪ Pour toutes ces raisons, il ne m'est pas possible de …
	✓ Aussi (+ inversion)	↪ Aussi, faut-il dès à présent prendre les dispositions …
	✓ Ainsi	↪ Ainsi, avons-nous décidé de …

Opposer	✓ Or	↪ Nous étions parvenus à un accord …. or à présent vous niez …
	✓ Contrairement à	↪ Contrairement aux clauses de notre contrat, vous avez …
	✓ En revanche	↪ Je ne peux ... En revanche, je suis disposé à …
	✓ Au contraire	↪ Au contraire, il vaudrait mieux …
Présenter chronologiquement les faits (ou les différentes parties de la lettre)	✓ Avant tout	↪ Avant tout, je dois vous expliquer …
	✓ Tout d'abord	↪ Tout d'abord, je vous remercie …
	✓ En suite	↪ Ensuite, en ce qui concerne …
	✓ De plus	↪ De plus, je dois préciser …
	✓ Enfin	↪ Enfin, il me semble que…
Présenter dans la même phrase • **Deux (2) idées ;** • **Une alternative.**	✓ D'une part …. d'autre part	↪ D'une part, il faudrait fixer une date, d'autre part nous devrions …
	✓ Soit … soit	↪ Soit vous acceptez, soit vous renoncez à …
Récapituler	✓ De toute façon	↪ De toute façon, il est trop tard…
	✓ Quoi qu'il en soit	↪ Quoi qu'il en soit, il faut agir vite …
	✓ Bref	↪ Bref, ce fut une rude journée …

Se référer à un évènement ou à une chose	✓ Conformément	↬ Conformément aux dispositions de l'article 15…
	✓ Selon	↬ Selon les recommandations de la réunion du …
	✓ Suivant	↬ Suivant les conventions signées…
	✓ Ainsi que	↬ Ainsi que nous en avons décidé …
Renforcer l'idée précédente en ajoutant un élément	✓ En effet	↬ En effet, je vous avais spécifié …
	✓ D'ailleurs	↬ D'ailleurs, nous étions convenus de …
	✓ Du reste	↬ Du reste, les résultats montrent …
Résumer les faits des idées, une décision	✓ En bref	↬ En bref, je dirais que cette affaire …
	✓ Finalement	↬ Finalement, nous avons renoncé à …
	✓ En définitive	↬ En définitive, il s'avère que …
Illustrer	✓ Ainsi	↬ Ainsi, j'ai constaté que …
	✓ Par exemple	↬ Par exemple, vous pourriez …

Quelques termes d'articulations difficiles

Certains mots de liaison ne doivent pas être confondus avec d'autres, c'est le cas notamment de :

- Enfin / Finalement ;
- Par ailleurs / D'ailleurs ;
- En effet / En fait ;
- Certainement / Certes ;
- Au moins / Du moins ;
- Opposition / Concession

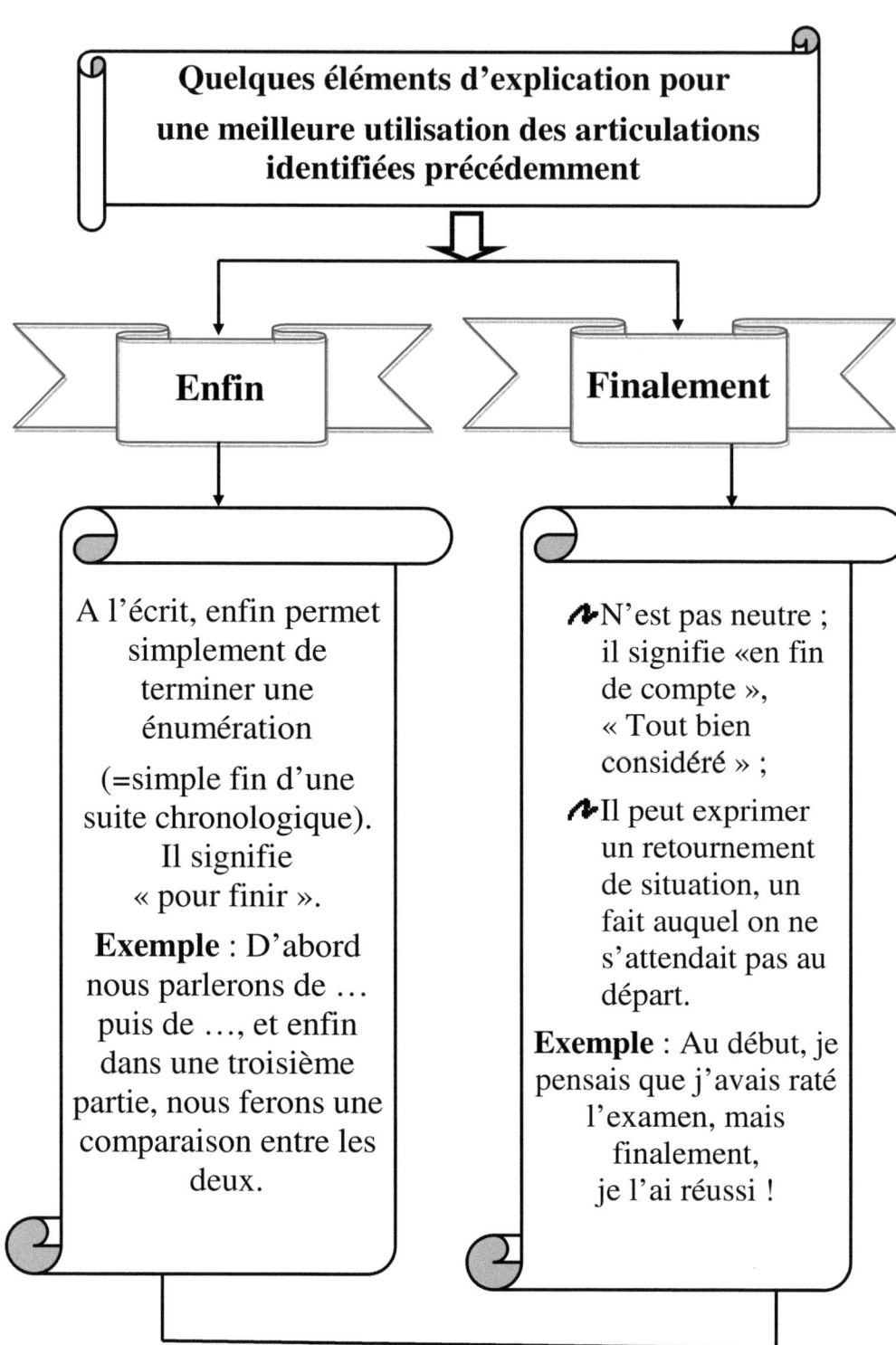

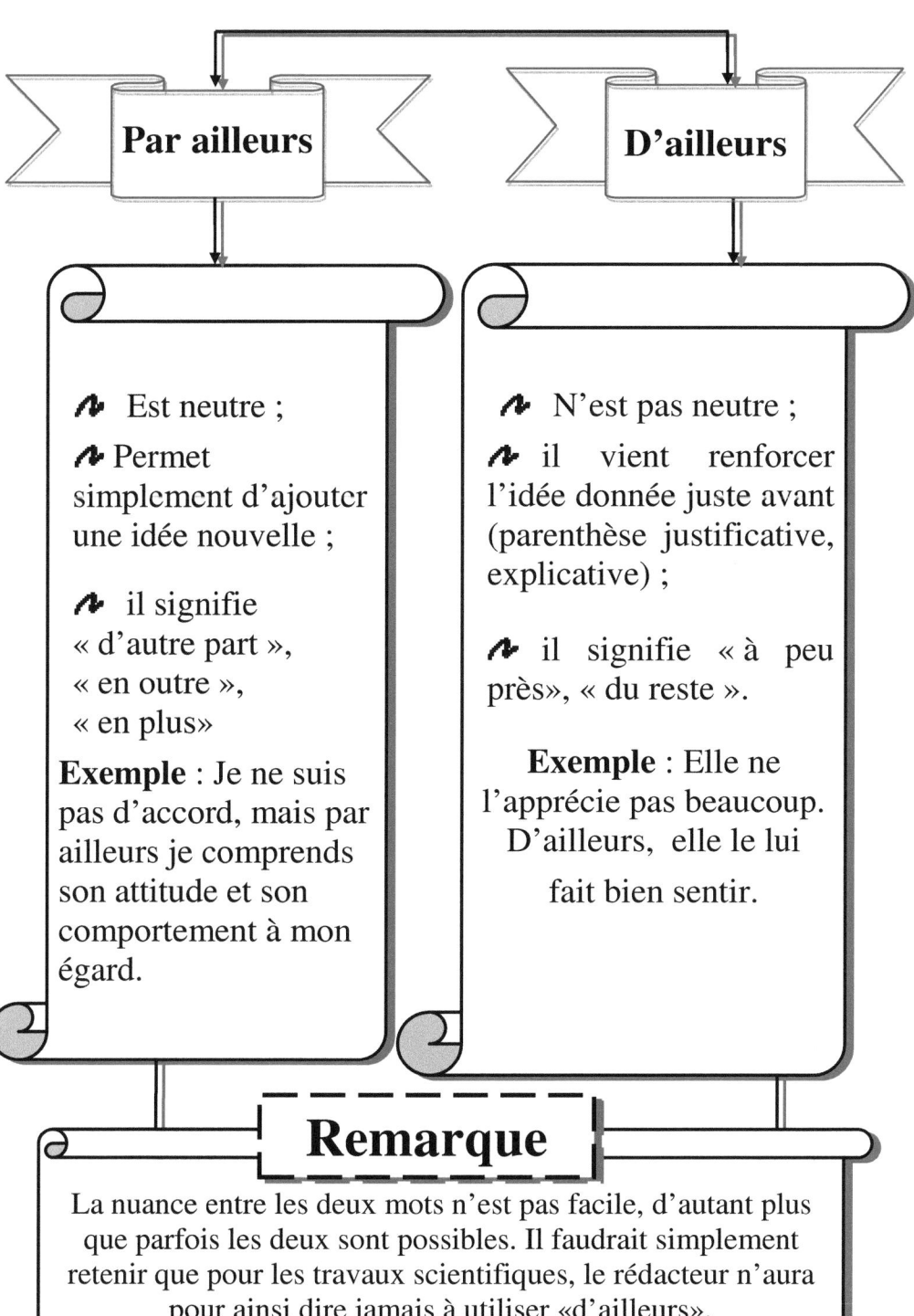

Par ailleurs

- Est neutre ;
- Permet simplement d'ajouter une idée nouvelle ;
- il signifie « d'autre part », « en outre », « en plus »

Exemple : Je ne suis pas d'accord, mais par ailleurs je comprends son attitude et son comportement à mon égard.

D'ailleurs

- N'est pas neutre ;
- il vient renforcer l'idée donnée juste avant (parenthèse justificative, explicative) ;
- il signifie « à peu près », « du reste ».

Exemple : Elle ne l'apprécie pas beaucoup. D'ailleurs, elle le lui fait bien sentir.

Remarque

La nuance entre les deux mots n'est pas facile, d'autant plus que parfois les deux sont possibles. Il faudrait simplement retenir que pour les travaux scientifiques, le rédacteur n'aura pour ainsi dire jamais à utiliser «d'ailleurs».

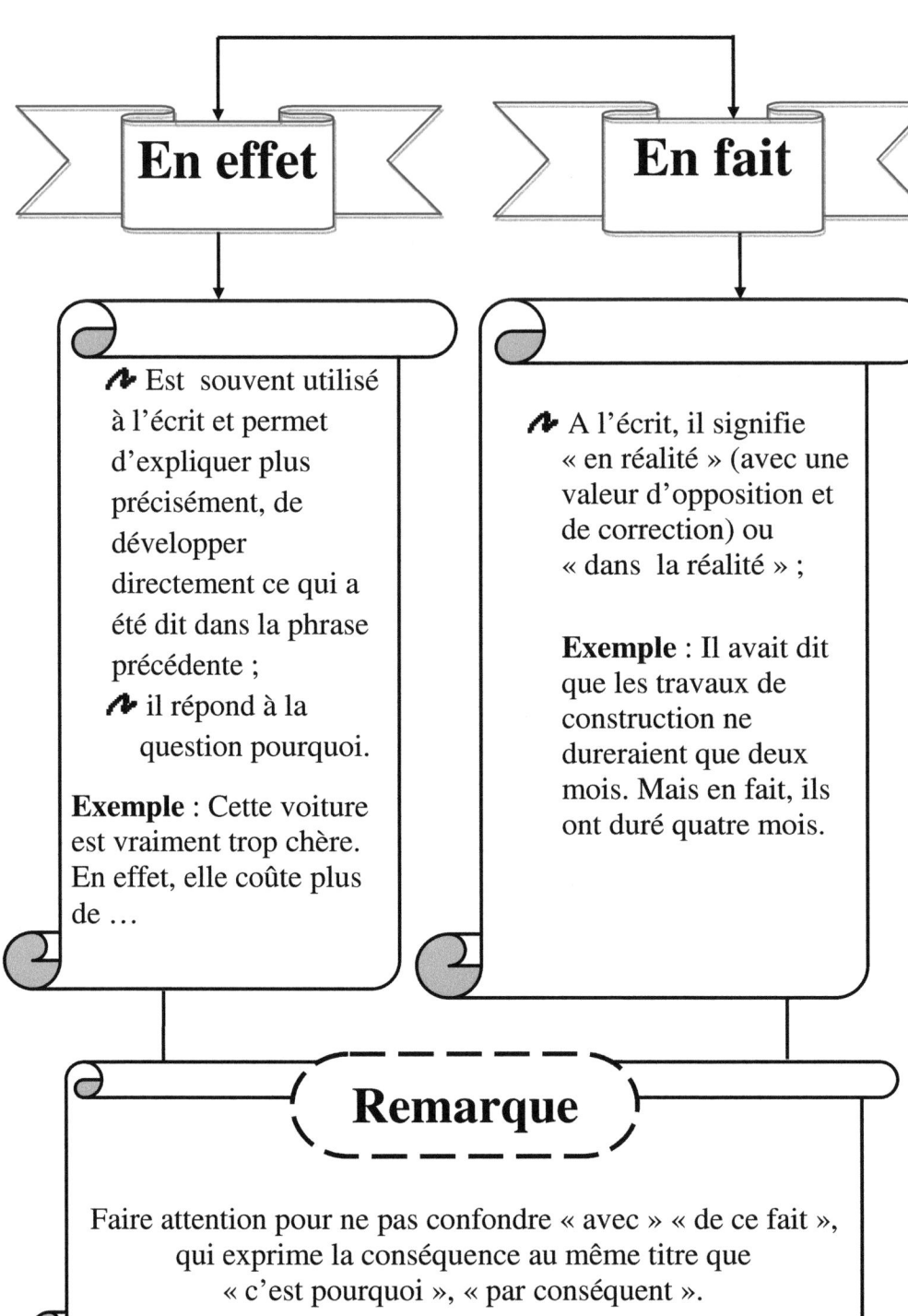

Certainement

- Signifie « surement » ;
- exprime ou renforce une affirmation ou une négation ;
- signifie : assurément, sans doute.

Exemple : Il va certainement réussir son examen, car il a beaucoup travaillé cette année.

Certes

- En langue soutenue, signifie « il est vrai que » et sert à concéder un élément ;
- il est suivi d'un terme exprimant l'opposition / la concession ;
- « certes … mais » étant la construction la plus fréquente.

Exemple : Certes, les travaux ont été longs, mais le résultat en valait la peine.

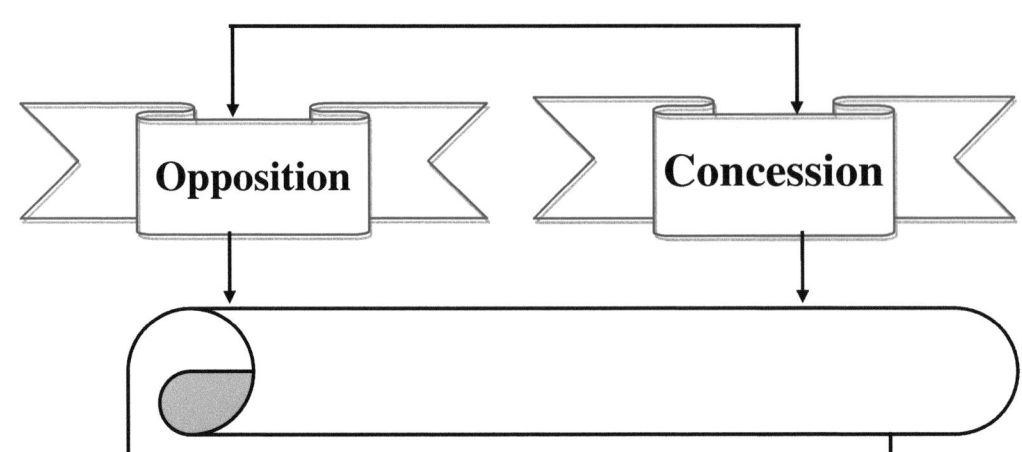

En ce qui concerne l'opposition / Concession, on peut préciser que pourtant n'est pas neutre. Il souligne qu'une relation entre deux faits n'est pas logique.

Exemple : Elle se présente au concours d'infirmerie. Pourtant, elle s'évanouit à la vue du sang.

Vocabulaire complémentaire

Formules de description et d'explication

> **Verbes introductifs :**

Observer, noter, constater, examiner, repérer, inventorier, dégager, relever, définir, décrire, exposer, expliquer, présenter, comparer, confronter…

> **Constat :**

D'après notre étude, observation, expérience ; après examen, analyse ; notre première/dernière constatation ; observation, remarque concerne …, porte sur, s'intéresse à, se préoccupe de, traite de ; nous arrivons à l'idée, au constat, à la conclusion que…

> **Enumération :**

D'une part, d'autre part ; en premier point, en dernier point ; en premier lieu, en second lieu ; d'un côté, d'un autre ; et, puis, aussi, également, ainsi que, de plus, en outre, par ailleurs, de surcroît…

> **Exemplification :**

Tel que, par exemple, ainsi, pour donner un exemple, pour illustrer…

Formules exprimant un commentaire ou un jugement

➢ Verbes introductifs :
Juger, trouver, préciser, estimer, apprécier, déprécier, déplorer, appeler l'attention de …, attirer l'attention de …, signaler, préciser, revenir/insister sur le fait que, souligner que, être d'accord/en désaccord avec, accepter, souscrire à, adhérer à, refuser, réfuter, s'interroger sur… ;

➢ Appréciatif :
Bien, positif, important, intéressant, excellent, appréciable, satisfaisant, agréable, attractif, unique, original, extraordinaire, merveilleux, passionnant, cohérent, structuré, organisé, planifié, adéquat à, en adéquation avec, en harmonie avec…

➢ Mitigé :
Acceptable, moyen, plus ou moins satisfaisant, passable, ordinaire, médiocre… ;

➢ Dépréciatif :
Négatif, dommage, insatisfaisant, inutile, superflu, ennuyeux, fastidieux, désagréable, frustrant, risqué, excessif, aventureux, coûteux, irréalisable, surprenant, ambigu, incohérent, inadéquat, désorganisé, déstructuré… ;

➢ Cause :
Car, en effet, de fait, à cause de, en raison de, c'est pour cette raison que, puisque, étant donné, vu que, sous prétexte que, du fait que…, tenant compte de … ;

➢ Conséquence :
Ainsi, donc, c'est pourquoi, par conséquent, pour cette raison, en déduction ; de sorte que, de telle manière que, à tel point que, tellement que ; cela implique, nécessite, exige que, s'applique à, a pour conséquences que, il en ressort que…

➢ Opposition :
Mais, or, au contraire, à l'opposé, en revanche, par contre, en contradiction avec, malgré, en dépit de, au lieu de, alors que, tandis que, quoique, bien que…

Formules exprimant des propositions

➢ Le souhait :

Nous voudrions que, nous aimerions que, nous souhaiterions que, nous espérons que, nous avons le souhait que, nous émettons le vœu que, nous aspirons à, nous rêvons de… ;

➢ Le conseil :

Nous suggérons de, nous recommandons de, nous conseillons de, nous proposons de ; il serait bon, intéressant, excellent, important, essentiel, urgent, prudent, recommandé de, conseillé de, opportun, judicieux, profitable, avantageux de ; il vaudrait mieux (+infinitif) ;

➢ Le projet :

Nous envisageons de, nous projetons de, nous imaginons que, nous avons en projet, en perspective… ; nous nous représentons l'avenir, nous planifions de… ;

➢ L'objectif :

Améliorer, perfectionner, parfaire, peaufiner, affiner, (ré) équilibrer, donner une image positive à, donner suite à, assurer le suivi de, soutenir le projet de, maintenir le contact avec, raffermir les liens avec, élargir, renforcer les relations avec, changer, transformer, prendre en compte (en considération), renouveler, réinvestir… ;

➢ Expression du but :

Afin de, pour, en vue de, dans le dessein de, dans l'objectif de, dans l'intention de, dans le but de…

➢ La conclusion :

Bref, en somme, en résumé, en conclusion, en fin de compte, en définitive, pour cette (ces) raison (s), pour finir / terminer, pour conclure, pour résumer, … ».

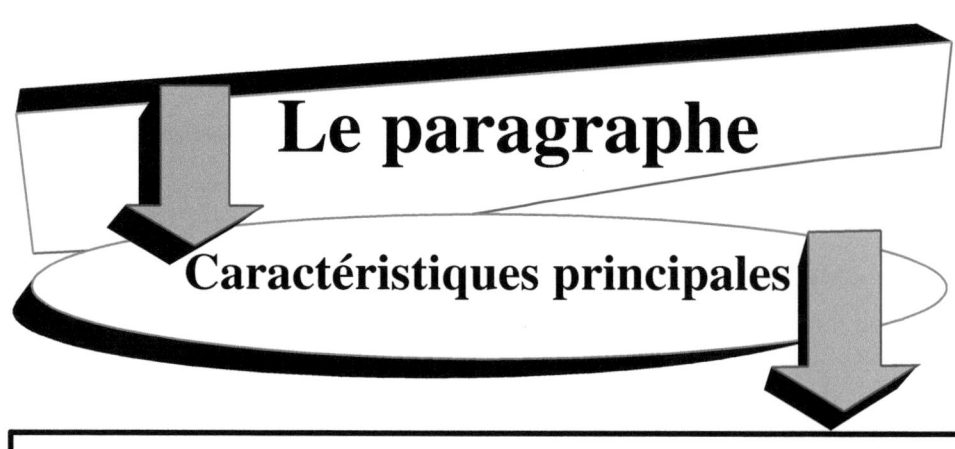

- ❖ Un paragraphe est un ensemble constitué de lignes et repérable visuellement ;
- ❖ au plan du sens, un paragraphe correspond à un ensemble logique au niveau du contenu ;
- ❖ c'est la structuration de l'ensemble d'une pensée en sous-ensembles séquencés qui détermine la structuration d'un texte en paragraphes successifs ;
- ❖ c'est la subdivision d'un texte en prose, présentant une unité, précédée et suivie le plus souvent d'un retour à la ligne.

**On peut retenir grosso modo :
Un paragraphe pour chaque paragraphe.**

VI - La correspondance : formules d'appel

Qualité du destinataire	Adresse administrative du destinataire
• Le Ministre	↝ Monsieur le Ministre,
• Le Gouverneur	↝ Monsieur le Gouverneur,
• Le Préfet	↝ Monsieur le Préfet,
• Le Directeur	↝ Monsieur le Directeur,
• Le Procureur général	↝ Monsieur le Procureur général,
• Le Directeur national	↝ Monsieur le Directeur national,
• L'inspecteur d'Académie	↝ Monsieur l'Inspecteur d'Académie,
• Le Directeur général	↝ Monsieur le Directeur général,
• La Directrice générale	↝ Madame la Directrice générale,
• La Directrice commerciale	↝ Madame la Directrice commerciale,

Personnes privées

➢ Le Secrétaire général	↝ Monsieur le Secrétaire général,
➢ La Secrétaire générale	↝ Madame la Secrétaire générale,
➢ Le Président	↝ Monsieur le Président,
➢ La Présidente	↝ Madame la Présidente,

Les autorités religieuses

Cultes catholiques

- Le pape
- Le Nonce
- Le Cardinal
- L'Archevêque
- L'Evêque
- Le Chanoine
- Le Curé,
- L'Abbé

- Très Saint Père,
- Monsieur le Nonce,
- Monsieur le Cardinal,
- Monsieur l'Archevêque,
- Monsieur l'Evêque ou Monseigneur,
- Monsieur le Chanoine,
- Monsieur le Curé,
- Monsieur l'Abbé,

Membres des ordres religieux

- Le supérieur

  - Monsieur le Supérieur,
  - Madame la Supérieure,

- Le Père

  - Mon Révérend Père,
  - Mon Père,

- La Mère

  - Ma Révérende Mère,
  - Ma Mère,

- Le Frère
- La Sœur

  - Mon Frère,
  - Ma Sœur,

Cultes islamiques

- L'Imam
- El Hadj
- L'Ayatollah
- ❖ Cultes israélites
- Le Rabbin

- Monsieur le Grand Imam,
- Monsieur l'Imam,
- Respecté El Hadj
- Monsieur l'Ayatollah,
- Monsieur le Grand Rabbin,
- Monsieur le Rabbin,

Cultes protestants

- Président d'un consistoire
- Le Pasteur

- Monsieur le Président,
- Monsieur le Pasteur,

Cultes orthodoxes

- L'Archimandrite

- Monsieur l'Archimandrite,
- Monsieur l'Archiprêtre,

Les autorités politiques

- Le Roi, l'Empereur
- Le Président de la République
- Le Ministre
- La Ministre
- Le Ministre de la Justice

- Sire,
- Monsieur le Président de la République,
- Monsieur le Ministre,
- Madame le Ministre, ou Madame la Ministre
- Monsieur le Garde des sceaux, Monsieur le Ministre de la Justice, Garde des sceaux,

Les Présidents, Vice-présidents de l'Assemblée nationale, du Conseil économique et social et de la Cour suprême.

- Monsieur le Président,
- Madame la Présidente,

Les autorités diplomatiques et consulaires

- Excellence Monsieur le Ministre des Affaires étrangères,
- Excellence Monsieur le Premier ministre,
- Excellence Monsieur l'Ambassadeur,
- Monsieur le Ministre,
- Monsieur le Chargé d'Affaires,
- Monsieur le Consul général,
- Monsieur le Consul,

Personne du sexe féminin

- Ministre	- Madame le Ministre ou Madame la Ministre,
- Président	- Madame la Présidente,
- Directeur	- Madame la Directrice,
- Secrétaire d'Etat	- Madame le Secrétaire d'Etat,
- Haut commissaire	- Madame le Haut commissaire,
- Ambassadeur,	- Madame l'Ambassadeur,
- Secrétaire générale,	- Madame la Secrétaire générale, Madame le Secrétaire général.

Quelques formules introductives de lettres

Si vous écrivez :	
	▶ - J'ai l'honneur de vous
	... faire connaître ...
	... faire savoir ...
	... faire parvenir ...
	... faire tenir ci-joint ...
	... faire tenir en annexe ...
	... informer ...
	... notifier que ...
	... faire tenir en annexe ...
	... transmettre ci-joint ...
	... demander de bien vouloir ...
	... informer de ce que ...
	... d'attirer votre attention sur ...
	... de porter à votre connaissance que
	... de vous soumettre respectueusement
	▶ - Je vous demande de bien vouloir prendre contact avec ...
	▶ - J'ai été saisi par...

A quelle fin ?	Formules correspondantes
	… pour toutes fins utiles …
	… à toutes fins utiles …
	… pour attribution …
	… pour avis ….
	… pour considération …
	… pour avis et suite à donner …
	… pour avis et suggestions…
	… pour avis et suggestions éventuels …
	… pour information …
	… à l'attention de …
	… à l'attention de … et à toutes fins utiles …
	… pour considération et suite à donner…
	… pour disposition à prendre …
	… pour notification à …
	… pour examen et suite à donner …
	… pour communication à …
	… pour transmission à …
	… pour saisine de …
	… pour action …
	… pour réaction …
	… aux fins qu'il appartiendra …
	… aux fins appropriées …
	… aux fins sollicitées…

Si vous répondez :	Formules correspondantes
	▶ - Comme suite à votre ... j'ai l'honneur de me référer à ... ▶ - Me référant à ... ▶ - En référence à ... ▶ - Suite à la lettre N° ... concernant... ▶ - Accusant réception de ... ▶ - J'accuse réception de ... ▶ - J'accuse bonne réception de votre ... ▶ - Il vous souviendra que ... ▶ - Par lettre N° ... relative à ... ▶ - Par sa note N° ... concernant ... ▶ - Votre communication du ... portant sur ... ▶ - Votre demande de renseignement ... ▶ - Votre lettre ou note du ... relative à ▶ - En réponse à votre lettre N° ... relative à ▶ - Par votre lettre du ... m'informant de ... ▶ - J'attire votre attention sur ... ▶ - Comme suite à votre demande citée en référence ci-dessus, j'ai l'honneur ... ▶ - En réponse à votre lettre citée en référence, j'ai l'honneur de porter à votre connaissance que ... ▶ - Je ne manquerai pas de vous tenir informer de la suite qui sera donnée à cette affaire ... après étude par les services compétents du ... ▶ - Comme suite à votre lettre du ..., je vous adresse ci-joint ...

▶ - En réponse à votre lettre citée en référence relative à …, j'ai l'honneur de vous faire connaître …

▶ - En application de l'arrêté cité ci-dessus en référence, relatif à ..., j'ai l'honneur de vous informer que …

▶- Je m'empresse de vous faire connaître ...

▶- J'ai prie bonne note de votre demande du …, relative à …

▶- J'ai soumis la question que vous m'avez posée à l'étude de mes services… et je ne manquerai pas de vous informer de la suite qui pourra lui être donnée…

▶- Par lettre N° … en date du... vous m'avez soumis …

▶- Par lettre N° ... en date du... vous m'avez présenté …

▶- Je ne manquerai pas toutefois de vous communiquer, après étude, les conclusions qu'il y aura lieu de retenir dans le cadre de la mise en œuvre du …

▶- Je ne manquerai pas toutefois de vous communiquer, après examen, les dispositions qui seront prises concernant le (la) …

▶- Je ne manquerai pas toutefois de vous faire savoir, après examen, les dispositions qui seront prises sur …

Quelques formules de refus à une requête

- Il ne m'est pas possible de …
- J'ai pris bonne note de votre désir, mais…
- Je ne manquerai pas de …
- J'ai le regret de vous faire connaître que, malgré les…
- J'ai examiné avec beaucoup d'attention, … cependant …
- Dans les mesures de ne pouvoir vous donner une réponse satisfaisante, je vous recommande …
- Je ne manquerai pas, le moment venu, de vous tenir informé de la décision qui pourra être prise … je …

Quelques tournures du vocabulaire administratif

Pour exposer un problème

- Evoquer
- Souligner
- Appeler
- Conseiller
- Considérer
- Constater
- Noter
- Signaler
- Observer
- Remarquer
- Attirer l'attention
- Indiquer
- Préciser
- Proposer
- Remarquer

Pour exprimer certains rapports de pensée

1 - La cause

- Situation due à …
- Le déficit est imputable à …
- En raison de …
- Cela est dû au fait que …
- Compte tenu du fait que …
- En considération de …
- Conformément à …
- Eu égard à …
- Si tel est le cas …
- Compte tenu de l'urgence …
- Néanmoins, si …
- Après examen, …
- Comme il en est ainsi, …
- Après constatation …
- Après un examen judicieux de …
- Après vérification …
- C'est pourquoi …
- C'est compte tenu de …
- Si cette proposition retient votre attention …
- De plus, concernant les questions…
- Considérant …
- Autant que faire se peut …

Pour exiger un choix

- Il paraît souhaitable …
- Il importe de …
- Il y a lieu de …
- Il convient de …
- Il est à rappeler que …

Pour exprimer certains rapports de pensée

2 - La conséquence

- De tout ceci, il ressort que …
- Ceci nous conduit à penser que …
- De ce qui précède, …
- De ce qui précède, il convient de …
- De tout ce qui précède …
- En conséquence, …
- En conséquence, il convient de signaler …
- En conséquence, il ressort que …
- Par conséquence, il convient de noter …
- Ainsi, je tiens à vous dire que …

Pour exprimer certains rapports de pensée

3 - Le but

- Cette loi vise à …
- A cet effet …
- C'est dans cet objectif que …
- Ceci répond à un objectif simple …
- Mesure tendant à …
- Dans le dessein de …
- … en vue de …
- … afin de …
- Dans le souci de …
- Dans cette perspective …
- Dans la perspective de…
- C'est pourquoi …
- C'est ainsi que …
- C'est pour cela …
- C'est tenant compte de …

Pour qualifier une relation

- Nécessaire à … pour …
- Propre à …
- De nature à …
- Susceptible de …
- Afférent à …

Pour particulariser une idée

Pour en élargir la portée	Pour en restreindre la portée
↯ D'une manière générale… ↯ En général… ↯ Dans tous les cas, … ↯ A tous égards, … ↯ En tout cas, … ↯ En tout état de cause, … ↯ Partant, … ↯ Aussi, …	↯ En l'espèce, … ↯ A ce sujet … ↯ A ce propos, … ↯ A cet égard, … ↯ Sous cette resserve, … ↯ Pour autant que, … ↯ En particulier, … ↯ Dans la mesure où, …

Ce qu'il faut éviter dans la rédaction

- ↯ … Votre lettre des 5 courants …
- ↯ …Votre lettre du mois écoulé …
- ↯ Il est à observer …
- ↯ Il y a lieu de noter …
- ↯ Il convient de signaler …

Ce qu'il faut utiliser de moins en moins

- ↯ Je crois …
- ↯ Je pense …
- ↯ Je m'efforcerai …
- ↯ Je tiendrai compte …

Pour indiquer les étapes de l'exposé

- Tout d'abord, …
- En premier lieu … puis …
- D'une part, … d'autre part…
- En fin, …
- Ainsi, …
- Cependant, …
- Dans cette perspective, …
- Etant donné l'importance de, …
- Compte tenu de, …
- Conformément à, …
- Conformément aux dispositions pertinentes de …
- De plus, …
- Aussi, …
- Dans la perspective …
- A cet effet, …
- Par ailleurs, …
- En effet, …
- Parlant de, …
- Par conséquent, …
- S'agissant de, … il convient …
- De tout ce qui précède, …
- De ce qui précède, …
- Concernant, …
- De ce qui est de, …
- A propos de, …
- Néanmoins, si …
- Après examen, …
- Partant, …
- Cependant, …
- Quant à, …
- Car, …
- Or, …
- Déplorant cette situation, …
- En conséquence, …
- En Conclusion, …
- En définitive, …
- En somme, …

Vocabulaire de compte rendu et du procès-verbal

Pour mettre en valeur une opinion, un point de vue	Pour exprimer des craintes
<ul><li>Souligner …</li><li>Préciser, …</li><li>Faire apparaître …</li><li>Mettre en lumière …</li><li>Mettre en exergue …</li><li>Noter …</li><li>Dégager …</li><li>Suggérer …</li><li>Ajouter …</li></ul>	<ul><li>Mettre de réserves à …</li><li>Quant à …</li><li>Regretter que …</li><li>S'inquiéter de …</li><li>Déplorer …</li><li>Se préoccuper de …</li><li>S'interroger sur …</li></ul>

Pour traduire l'accord et plus ...	Pour traduire l'opposition
<ul><li>Confirmer …</li><li>Appuyer …</li><li>Donner son assentiment …</li><li>Témoigner de l'intérêt pour …</li><li>Acquiescer …</li><li>Approuver …</li><li>Exprimer sa préférence …</li><li>Privilégier …</li><li>Plaider pour …</li><li>Faire prévaloir …</li></ul>	<ul><li>Nier …</li><li>Rétorquer …</li><li>Réfuter …</li><li>Désapprouver …</li><li>Marquer son désaccord …</li><li>Infirmer …</li><li>Objecter …</li><li>Contester …</li></ul>

Classification des lettres administratives entre les services en fonction de leur objectif et des circonstances qui les ont motivées	
Des lettres d'information	↳ J'ai l'honneur de vous faire connaître … ↳ J'ai l'honneur de vous signaler … ↳ J'ai l'honneur de vous faire savoir … ↳ J'ai l'honneur de porter à votre connaissance …
Des lettres sollicitant un avis ou des instructions	↳ J'ai l'honneur de vous rendre compte … ↳ J'ai l'honneur de vous demander … ↳ J'ai l'honneur de vous prier de bien vouloir me donner vos instructions… ↳ J'ai l'honneur de vous prier de bien vouloir m'accorder vos instructions… ↳ J'ai l'honneur de vous prier de bien vouloir me faire bénéficier de …

Emploi de l'expression ci-joint

❖ Ci-joint placé avant le nom reste invariable quelque soit le genre et le nombre du complément.

On écrira :

↳ Veuillez trouvez ci-joint copie …

↳ Veuillez trouvez ci-joint les exemplaires demandés …

❖ Par contre s'accorde comme un adjectif lorsqu'il est placé après :

On écrira :

↳ Les documents ci-joints …

↳ Les copies ci-jointes …

Traitement de personnes dans le corps d'une lettre

S'agissant de très hautes personnalités : chefs d'Etat, dignitaires de l'Eglise, Ministres, Ambassadeurs ...	↳ Votre Majesté, pour un souverain ; ↳ Votre Altesse, pour un prince ; ↳ Votre Altesse sérénissime, pour un prince de sang royal ; ↳ Votre Sainteté, pour le Pape ; ↳ Votre Excellence, pour le chef d'Etat, un Premier ministre, un Ministre des Affaires étrangères, un Ambassadeur, un Evêque.

NB : Ne pas confondre les formules d'appel et le traitement

Le traitement ne doit être employé que dans le corps de la lettre ou du discours

↳ S'adressant à un souverain :	↳ Sire, (Formule d'appel) ; ↳ Votre Majesté a bien voulu honorer de son auguste présence …
↳ à un prince souverain :	↳ Monseigneur, (Formule d'appel) ; ↳ Il m'est agréable d'adresser à votre altesse sérénissime les vœux respectueux …

↳ à une princesse	✓ Madame, ✓ Au nom du Gouvernement de la République de …, j'ai le très grand honneur d'accueillir votre altesse …

↳ à un cardinal :	❖ Monsieur le cardinal, ✓ Les bienfaits que votre Eminence a bien voulu nous prodiguer ont profondément ému la population de notre préfecture ; ✓ Qu'elle soit assurée (votre Eminence) de notre très vive reconnaissance et de notre profond respect.

↳ à un Ambassadeur :	❖ Monsieur l'Ambassadeur, ✓ Il m'est agréable de porter à votre connaissance …

Corrélation entre la formule d'appel et la formule de courtoisie

Formule d'appel	Formule de courtoisie correspondante
◬ Madame, ◬ Monsieur, ◬ Familier : ◬ Cher Monsieur, ◬ Cher ami, ◬ Cher camarade, ◬ Personnalités : ◬ Monsieur le Président, ◬ Monsieur le Député, ◬ Autorités Supérieures : ◬ Monsieur le Préfet, ◬ Monsieur l'Ambassadeur, ◬ Monsieur le Ministre,	◬ Hommage, Respectueux hommages ◬ Salutations distinguées ◬ Sentiments les meilleurs ◬ Considérations distinguées ◬ Respectueux sentiments ◬ Très haute considération. ◬ Sentiments déférents et dévoués ◬ Haute considération ◬ Haute et fraternelle considération

VII - Les formules de traitement

✒ Pour un souverain	✒ Votre Majesté, …
✒ Pour un prince	✒ Votre Altesse, …
✒ Pour un prince de sang royal	✒ Votre Altesse Sérénissime, …
✒ Pour le Pape	✒ Votre Sainteté, …
✒ Pour un Cardinal	✒ Votre Eminence, …
✒ Pour un Chef d'Etat	
✒ Pour un Ministre des Affaires Etrangères	
✒ Pour un Représentant d'Institutions internationales	Votre Excellence, …
✒ Pour un Ambassadeur	
✒ Pour un Evêque	

Quand le supérieur s'adresse au subordonné

Termes ou expressions utilisés

- Fait savoir à …
- Fait connaître …
- Ordonne …
- Enjoint de …
- Tient à …
- Adresse à …
- Observe que …
- Remarque que …
- Note …
- Constate …

Quand le subordonné s'adresse au supérieur

Termes ou expressions utilisés

- Appelle l'attention …
- Ose attirer l'attention sur …
- Soumet à l'approbation …
- Sollicite …
- Rend compte de …
- Se permet de …
- Est reconnaissant de…

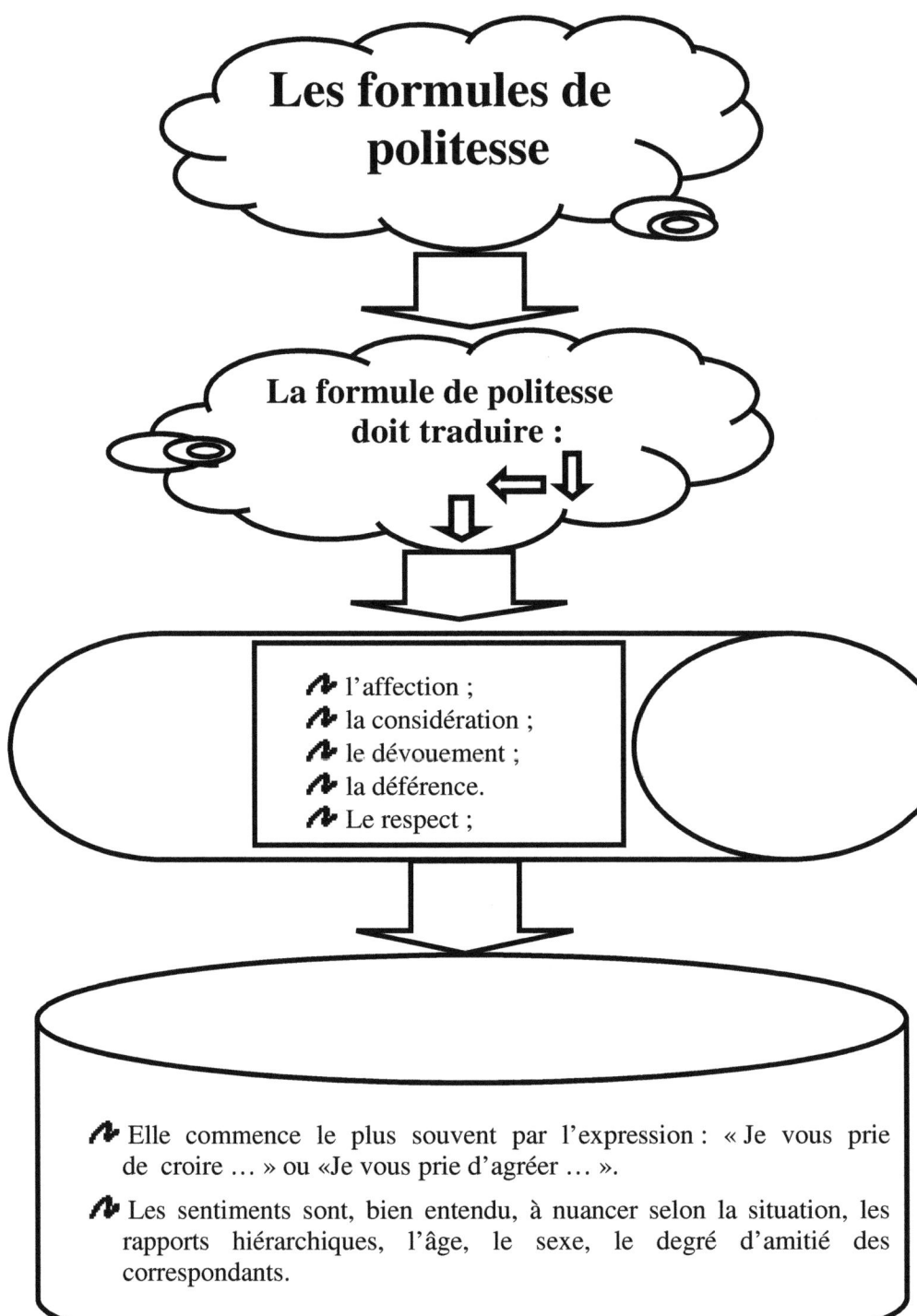

Les formules de politesse peuvent varier à l'infini; cependant, un certain nombre de règles doivent être respectées :

➢ D'égal à égal :
- Je vous prie d'agréer, Monsieur, mes salutations distinguées ;
- Je vous prie de recevoir, Monsieur, mes salutations distinguées ;
- Je vous adresse, Monsieur, mes salutations distinguées ;
- Veuillez recevoir, Monsieur, mes salutations distinguées ;
- Veuillez agréer, …, l'assurance de ma haute considération.

➢ D'un supérieur hiérarchique à un inférieur hiérarchique :
- Veuillez agréer, Monsieur, l'assurance de ma parfaite considération ; ou l'assurance de ma considération distinguée.

➢ D'un inférieur hiérarchique à un supérieur hiérarchique :
- Je vous prie d'agréer, Monsieur, mes respectueuses salutations ;
- Je vous prie d'agréer, Monsieur, l'assurance de mes sentiments distingués ;
- Je vous prie d'agréer, Monsieur, mes sentiments respectueux et dévoués ;
- Je vous prie de croire, Monsieur, à l'expression de mes sentiments respectueux (ou les plus dévoués) ;

➢ D'un homme à une femme :
- Veuillez recevoir, Madame, mes sentiments respectueux ;
- Je vous prie de croire, Madame, à l'expression de mes sentiments respectueux.

➢ D'une femme à un homme :
- Veuillez recevoir, Monsieur, mes salutations distinguées.

➢ D'une femme à une femme :
- Veuillez recevoir, Madame, mes sentiments distingués.

Quelques formules de politesse

Lettre adressée à une personne privée	◙ - Veuillez agréer, Monsieur le … ◙ - Je vous prie d'agréer, Monsieur le …, l'expression de mes sentiments distingués. ◙ - Je vous prie d'agréer, Monsieur le …, mes sincères salutations. ◙ - Avec mes remerciements, veuillez agréer Monsieur le …, l'assurance de … ; ◙ - En attendant, recevez …; ◙ - Dans l'attente d'une suite favorable, veuillez agréer, Monsieur…; ◙ - Avec mes remerciements anticipés, veuillez croire, Monsieur, à l'assurance de ma haute considération. ◙ - Veuillez accepter, Monsieur …, l'assurance de ma très haute considération et toute ensemble, l'expression de ma profonde gratitude. ◙ - Daignez accepter, Monsieur …, l'assurance de ma haute considération. ◙ - Je vous prie d'agréer, Monsieur…, l'expression de ma parfaite considération. ◙ - Je vous prie d'agréer, cher ..., l'expression de mes cordiaux sentiments. ◙ - Je vous prie d'agréer, cher..., l'expression de mon fidèle souvenir. ◙ - Je vous prie d'agréer, Monsieur le …, l'expression de mes sentiments déférents et dévoués.

La considération peut être :	◉ - distinguée, ◉ - haute ou respectueuse, ◉ - très haute ou très respectueuse, ◉ - hautement distinguée, ◉ - profondément distinguée etc.

Lettre à une personne du sexe féminin	◉ - Recevez, Madame mes hommages ... ◉ - Je vous prie d'agréer, Madame, l'expression de mes salutations distinguées etc.

Lettre adressée à une personne envers qui le signataire a des obligations ou des devoirs	◉ - Je vous prie de croire,... à l'assurance de mes sentiments respectueux. ◉ - Je vous prie de croire, Monsieur ..., à mon profond respect.

Souhaits ou recommandations suivis d'effets en faveur d'une requête	◉ - J'attache un intérêt tout particulier … ◉ - J'attache un intérêt tout spécial à … ◉ - Je vous prie de veiller tout spécialement à … ◉ - Je vous prie de veiller tout singulièrement à … ◉ - Je vous prie d'accorder une attention singulière à … ◉ - Votre prompte réaction m'obligerait.
Lettre exprimant une demande	◉ - Je vous serai très obligé de bien vouloir me faire connaître… ◉ - Je vous saurai gré de la diligence avec laquelle vous me ferez parvenir … ◉ - Je vous serai reconnaissant de vos démarches … ◉ - Je vous saurai infiniment gré de bien vouloir me faire savoir… ◉ - Je vous serai reconnaissant de bien vouloir me faire connaître, dès que possible, vos avis et suggestions sur … ◉ - Je vous saurai gré de la diligence avec laquelle vous me ferez parvenir la suite réservée à …

A retenir :

🔸 On rend compte à un supérieur hiérarchique et on informe un subordonné ;

🔸 l'expression « vouloir bien » s'utilise dans le sens de la hiérarchie descendante, c'est-à-dire du supérieur au subordonné ; c'est l'expression de commandement très forte et rarement employée ;

🔸 l'expression « bien vouloir » est plus courante ; valable pour la hiérarchie ascendante, c'est-à-dire du subordonné vers le supérieur. Elle s'emploie également lorsqu'un supérieur s'adresse à ses subordonnés sans agressivité ;

🔸 le style administratif n'emploie pas le pronom personnel « nous » comme en affaire. Il utilise le « je ». Celui-ci marque l'unicité de la fonction, sa pérennité ; engage la responsabilité de celui qui écrit et qui signe ;

🔸 le prénom personnel « vous » est utilisé pour la personne à qui l'on écrit, et cela quelque soit sa hiérarchie administrative ;

🔸 la formule de politesse doit traduire l'affection, l'amitié, la considération, le dévouement, la déférence, que le signataire veut exprimer au destinataire et commence le plus souvent par l'expression « Je vous prie de croire »... ou «Je vous prie d'agréer» ;

🔸 il doit y avoir corrélation entre la formule de courtoisie et la formule d'appel ; on n'assure pas un camarade ou un collègue de sa considération ou de son respect, une personne d'un rang moindre que le sien de ses sentiments respectueux ;

🔸 les salutations, les hommages s'expriment on n'en donne pas l'assurance ;

	↪ la formulation, « croire à l'assurance » est moins déférente que : « agréer l'expression » ; on la réservera donc aux correspondants envers lesquels on n'est tenu à aucune marque de courtoisie avant au-delà de la politesse normale.
	↪ « Je vous prie de bien vouloir agréer » est une formule beaucoup plus déférente que ; « Veuillez agréer ».
	↪ Les formules telles que :
	   ✓ Bien à vous,
	   ✓ cordialement vôtre …
	   ✓ sincèrement vôtre ….
	   ✓ fidèlement vôtre …
	Sont très souvent beaucoup plus cérémonieuses que rédactionnelles ; elles peuvent être également utilisées à l'écrit, mais elles impliquent une certaine familiarité entre l'auteur de la lettre et le destinataire.

Ne pas dire	Plutôt dire
➢ Dans le but de …	↪ Afin de
➢ Solutionner	↪ Résoudre
➢ Se baser sur	↪ Se fonder sur
➢ Deux alternatives	↪ Deux solutions, deux variantes
➢ Il faudra prévoir d'avance	↪ Il faudra prévoir …
➢ Après autorisation préalable	↪ Après autorisation …
➢ Contacter	↪ Prendre des contacts …
➢ Aviser	↪ Informer … Je vous saurai gré …
➢ Je vous serai gré …	

VIII - Conseils pratiques

(A retenir)

🔸 Lorsque l'on parle de soi-même, on ne fait jamais précéder son nom du mot « Monsieur » que ce soit dans le timbre, dans la suscription ou au-dessous de la signature ;

🔸 le texte d'un écrit administratif est réduit à l'essentiel, avec toutes les précisions utiles, mais sans considérations oiseuses ;

🔸 le mot « Monsieur » ou « Madame », manifestation de politesse, est toujours écrit en toutes lettres ;

🔸 pour rédiger correctement, il faut lire souvent, beaucoup et de bons auteurs ;

🔸 il faut lire « activement », intelligemment, si l'on veut retirer de la lecture le plus grand profit ;

🔸 il est recommandé de lire lentement, au lieu de dévorer les ouvrages pour arriver le plus vite possible à la fin ;

🔸 il est conseillé de noter les mots nouveaux et difficiles ou ceux dont le sens est encore imprécis à l'esprit ;

🔸 s'exercer à étudier quelques tournures de phrases et apprendre par cœur certains passages qui ont particulièrement frappé par leur élégance ou par leur force ;

🔸 il est souvent recommandé de lire le crayon à la main, afin de pouvoir souligner les mots, expressions et passages que l'on souhaite se rappeler ou retrouver facilement, à condition, bien entendu, d'avoir la propriété du livre, sinon on portera ces mots, expressions ou passages sur un feuillet ou mieux sur un livre ;

🔸 ne pas se lancer dans une rédaction sans une préparation minutieuse, sans réflexion, sans revenir souvent sur ce que l'on a écrit ; les meilleurs improvisations sont, sans paradoxe, celles que l'on a longuement préparées.

Quelques conseils et recommandations

🖎 La lettre administrative doit :

- ➤ être concise ;
- ➤ précise;
- ➤ être agréable à lire ;
- ➤ être bien équilibrée ;
- ➤ être bien aérée et lisible.

🖎 éviter au maximum de souligner les mots ;

🖎 les guillemets ne doivent être employés que pour des citations; ne jamais oublier de les fermer ;

🖎 éviter les répétitions inutiles de mots ;

🖎 utiliser souvent la tournure négative ;

🖎 la formule de politesse et la signature doivent faire corps avec la lettre ;

il ne faut jamais les reporter isolement à la page suivante ;

🖎 le rédacteur ne doit pas s'exprimer en son nom propre mais en raison de sa fonction ;

🖎 il ne s'adresse jamais à un individu mais à une personnalité investie d'un pouvoir particulier ;

🖎 dès que le rédacteur aura un doute sur la véracité des faits qu'il rapporte, il devra faire sentir en utilisant des formes appropriées ;

🖎 le document donneur d'ordre est toujours daté au-dessus de la signature et non en haut à droite passif personnel ou conditionnel ;

🖎 le rédacteur devra se soumettre aux conditions de la voie hiérarchique et à celle du secret de la lettre.

Conseils pratiques à l'attention des diplomates

Comportement général et apparence

- « Les manières font l'homme ; et de bonnes manières cachent une multitude de pêchés ». C'est pourquoi cultivez en vous des manières aimables et cordiales pour que vous soyez cordialement et gentiment reçu par les autres, bien que votre nature réelle demeure en dessous aussi froide et aussi dure que le marbre. Pour mener une vie idéale, un diplomate doit avoir peu d'amis et beaucoup de connaissances.

- Pour paraître bien habillé, le premier principe est de « savoir comment porter ses habits », c'est-à-dire se montrer conscient de sa mise, que cette tenue soit fort élégante ou horrible. Peu importe devant qui l'on se présente : un roi ou un chat persan !

- Quand vous êtes invité à un dîner ou à un déjeuner, tâchez de ne pas y arriver trop tôt, c'est-à-dire pas plus de cinq minutes avant l'heure fixée sur la carte d'invitation. Rappelez-vous que si votre épouse doit s'asseoir aussitôt qu'elle arrive, vous êtes censé vous tenir debout parlant : film, théâtre, livre, partie du jeu ou crime sensationnel. Mais, pour l'amour du ciel, évitez de parler de la pluie et du beau temps.

- Etudiez les intérêts et les goûts de celui avec qui vous avez à faire.

Rencontre avec des étrangers

Conseils pratiques

- ❧ Méfiez-vous de ceux qui ont hâte de faire votre connaissance ou qui brûlent de créer avec vous des relations intimes dès votre première arrivée.

- ❧ Tâchez de vous conformer le plus possible aux habitudes et aux manières du pays où vous travaillez et ne ridiculisez jamais rien qui vous semble absurde ou étrange dans ce pays.

- ❧ N'approuvez aucune critique, aucune remarque injurieuse contre le pays où vous résidez, même si celles-ci sont formulées par quelque natif du pays.

- ❧ Efforcez-vous d'apprendre la langue du pays où vous résidez.

- ❧ Etablissez des liens d'amitié avec ceux qui peuvent vous aider à bien accomplir votre mission (tels que diplomates étrangers, fonctionnaires du gouvernement, gens de la presse officielle etc.)

- ❧ Etudiez le marché local et découvrez ce dont il manque et qui pourrait être importé de votre pays.

- ❧ Rappelez-vous que vous ne devez engager personne dans un commerce ni être entraîné dans une affaire.

Dans les audiences et conversations officielles

- ↱ Cultivez en vous l'habitude d'écouter, ne parlez pas plus qu'il ne faut afin d'encourager les autres à le faire.

- ↱ Ne dites à jamais de mensonge aux autorités compétentes du Ministère des Affaires étrangères, même s'il peut être justifié.

- ↱ Evitez les réponses directes à toutes questions indiscrètes.

- ↱ Entraîner votre mémoire à photographier fidèlement et correctement ce que vous entendez.

- ↱ Avant de vous rendre à quelque rencontre importante, considérez d'avance ce que « l'autre » désirerait faire ou dire.

- ↱ Rappelez-vous que pour triompher dans une discussion vous devez donner à votre adversaire une justification à sa conviction erronée.

- ↱ Evitez de ridiculiser ses idées en public.

- ↱ Ne révélez jamais, en aucun cas, ne fût-ce pour une seconde, que votre opinion diffère de celle de votre gouvernement.

- ↱ Ne manifestez jamais de zèle (empressement ardent ou excessif). Souvenez vous de ce que dit ce propos de Talleyrand : « et, surtout, pas trop de zèle. »

- ↱ N'exagérez pas votre rôle politique dans le pays où vous êtes accrédité. Rappelez-vous que seules les autorités compétentes de votre pays sont capables de décider pour savoir ce qu'il y a mieux de faire.

- ↱ Ne prenez aucune décision soudaine, avant que vous n'ayez reçu des instructions précises de votre Ministère des Affaires étrangères.

Conseils pour réussir dans la carrière diplomatique

Si vous êtes un adjoint
(Ou Conseiller d'Ambassade)

- Pour réussir, soyez prudent dans vos propos et dans les signatures des documents qui vous engagent dans les obligations financières précises.

- Travaillez énormément pour faire une œuvre et présentez-la comme la concrétisation des directives de votre chef.

- Louez vos homologues qui ont aussi réussi, mais n'accentuez pas ces compliments.

- Répétez indirectement, mais à maintes reprises, les œuvres et les accomplissements que vous avez achevés et dans lesquels vous mentionnez l'aide et la clairvoyance de votre chef.

- Soyez prudent dans vos dépenses mais surtout, soyez serviable dans les occasions qui vous permettent de parvenir au but de votre progrès.

- Parlez beaucoup avec votre chef et essayez d'être intéressant.

- Ayez toujours le sourire et ne vous chargez pas de rapporter une nouvelle qui n'est pas agréable : le rappel de votre chef de mission par exemple.

Si vous êtes le responsable

- Travaillez et faites travaillez les autres.
- Ayez l'intelligence de veiller à tout, mais en laissant à chacun de vos collaborateurs sa responsabilité officielle et personnelle.
- Vous devez vérifier de temps en temps le travail de vos collaborateurs.
- Tout ce que vous écrivez sur les documents officiels doit comporter les directives conformes à la rigueur des lois et des règles, même si l'action à effectuer devait être différente.
- Soyez fort et droit et ne faites peur à personne sans raison valable.
- Soyez d'un abord difficile, trop de confiance à n'importe quelle personne est le début de l'abus de pouvoir.
- Faites de temps en temps des compliments à vos collaborateurs ; si les règles le permettent, accordez-leur des rémunérations financières.
- Méfiez-vous de ceux qui parlent de leur honnêteté ou de leur capacité de duper les autres.

Réunions et discussions

Si vous êtes adjoint

- Préparez d'avance les points de vue de votre chef et appuyez-les avec les antécédents et des anciennes résolutions, mais sachez garder l'esprit libre ;
- durant la première partie de la discussion, restez muet afin de sonder les différents participants et leurs points de vue ;
- si on vous demande votre avis, exprimez-le d'une voix lente et claire et continuez votre explication sans vous préoccuper d'une interruption qui pourrait être faite, ceci tout en précisant que vous allez traiter de l'objection en question justement dans votre explication.

Si vous êtes le responsable

- Parlez peu mais intervenez pour dominer et mettre fin aux discussions insidieuses (qui visent à tromper ou à manipuler) : prenez la parole pour emporter la décision ;
- cultivez l'art de parler pour ne rien dire dans le cas où il s'agit d'un choix difficile ;
- dans les réunions de pairs (personne qui est égale à une autre par la fonction, le rang ou la situation sociale), précisez-vous votre but et commencez par une exagération dans vos revendications afin d'arriver après de nombreuses discussions à faire une réconciliation, c'est-à-dire à réaliser votre but.

Autres conseils pratiques

- Accueillez tout le monde avec un sourire cordial et une poignée de main chaleureuse ;
- soyez amicale et recommandez vos protégés, ainsi que ceux de vos alliés de hautes responsabilités ;
- chaque chose, chaque personne a son prix et sa faiblesse : efforcez-vous de les connaître et de les étudier ;
- n'embauchez personne sur des renseignements, qui peuvent rendre une autre personne aussi capable que vous ;
- rappelez-vous que la réussite engendre la réussite ; que les gens cherchent les forts, les arrivées à la réussite, les personnes brillantes et les riches ;
- rappelez-vous cette observation de Paul Laffitte : « **un idiot riche est un riche, un idiot pauvre est un idiot** ».

Conclusion

Comme vous avez dû certainement le constater, ce *Guide pratique de la rédaction administrative* n'a pas la prétention de faire le tour de toutes les questions qui se posent aux rédacteurs au fil des circonstances de la vie professionnelle, sociale. De votre vie tout court.

Aussi, il ne se prête guère à des analyses pertinentes et profondes. Pourvu que le débutant correspondancier, le fonctionnaire aguerri sache être précis, complet et concis, que le ton de sa lettre soit adéquat, on le tiendra quitte du reste. Justement, ce guide intervient pour faciliter aux rédacteurs cette lourde tâche.

A ce titre, s'il vous apporte l'éclairage attendu, vous oriente et offre les éléments nécessaires pour l'accomplissement de votre tâche quotidienne de rédaction ; s'il vous est une aide substantielle à travers les dédales ponctuels et les exigences immuables de la rédaction en général et celles de la rédaction administrative en particulier, **il aura atteint son but**.

Sans nul doute, les différentes qualités de l'écrit administratif auxquelles l'auteur a sommairement fait allusion ont une justification précise. Elles sont nées des nécessités de service et sont affirmées par une longue pratique. Elles représentent la somme des manuscrits des écrits faits par l'auteur, lors de la longue période de stage à la direction des affaires juridiques et consulaires du ministère guinéen des Affaires étrangères (de mars 1993 à mai 2003). Soit dix ans d'expériences accumulées. D'où par conséquent, elles deviennent comme un ensemble de normes de rédaction qui s'imposent à tout rédacteur (administratif ou tout autre).

La rédaction administrative est toute rédaction utilisée pour la réalisation de documents qui traduisent les projets, les études et les décisions d'une administration donnée.

L'écrit administratif doit toujours être imprégné de prudence car :

➴ il engage la responsabilité de toute l'Administration ;

➴ toute faute, erreur ou négligence révélée par un écrit sera imputée par le public à l'ensemble de l'administration, voire au gouvernement.

L'écrit administratif évitera les expressions désobligeantes, injurieuses ou péjoratives, les appréciations trop sévères, blessantes pour la dignité ou l'amour propre de celui qui en est l'objet ; on se gardera des refus brutaux qui rendraient choquantes les réponses négatives que l'on est amené à formuler, ainsi que des ordres trop secs ou trop impératifs, sauf nécessité absolue ; on ne mentionnera pas les noms de tiers informateurs lorsque cela est susceptible de leur attirer des ennuis ; toutes ces recommandations sont valables aussi bien pour l'expression orale que pour la correspondance.

L'Administration est une vaste structure pyramidale organisée hiérarchiquement ; de la base jusqu'au ministère, il existe un ensemble complexe de rapports de subordination ; au-delà du Ministre qui est la charnière entre le pouvoir politique et l'Administration, une hiérarchie s'établit jusqu'au chef de l'Etat entre les institutions et organes politiques.

Le respect de la hiérarchie crée une discipline sans laquelle régnerait l'anarchie la plus complète dans les services de l'Etat. Il se traduit constamment dans les écrits administratifs (et dans la manière de les transmettre) par des tournures et des nuances dans la formulation qui ont valeur de symbole, même si la marque de respect n'apparaît pas de façon évidente au profane. Les initiés, eux, y reconnaissent les marques de respect nécessaire au maintien de la hiérarchie entre les agents des services publics.

Certaines expressions, certains termes ne sont utilisés que par le supérieur s'adressant au subordonné, d'autres sont réservés au subordonné s'adressant à son supérieur. Aussi, certaines tournures sont également employées entre égaux ou par le supérieur lorsque celui-ci ne veut pas faire ressentir la supériorité de sa position.

La nature de l'Administration, sa mission de service public qui la place au-dessus des intérêts particuliers, les attributions de puissance publique dont elle est revêtue, lui imposent de manifester cette dignité particulière de l'Etat dont elle émane dans toutes ses actions et notamment par la qualité de ses écrits.

Ce souci de dignité se traduit par la politesse et la courtoisie, mais également par une langue respectueuse des règles grammaticales ; les mots sont choisis parmi ceux que le dictionnaire a consacrés. Ainsi :

- pas de tournures grammaticalement douteuses ;
- pas d'à peu près et de laisser-aller ;
- pas de négligence.

L'Administration est tout système qui a pour but de satisfaire les besoins de la collectivité. Ce but impose aux écrits administratifs un langage connu par tous les citoyens, un style qui se traduit par un choix de mots, de tournures et de formules consacrée par un langage.

Mais parce que l'Administration représente l'Etat (soit par délégation ou par démembrement), le langage administratif ne doit pas tomber dans la vulgarité sous prétexte qu'il doit être véhiculaire. Il doit viser une double correction :

correction du point de vue grammaticale, correction au plan de la précision pour éviter les interprétations divergentes qui peuvent résulter d'un mauvais choix, d'une syntaxe fautive ou d'une erreur de ponctuation.

Les principales qualités requises dans la rédaction administratives sont la dignité, le respect de la hiérarchie, le sens de la responsabilité, l'objectivité, la courtoisie, la prudence, la précision et l'exactitude, la clarté et la concision, et enfin l'efficacité.

Un accent particulier mérite d'être mis sur la formule finale d'une rédaction administrative. En effet, la formule finale étant de rigueur dans l'Administration, il convient cependant de faire la part des choses entre « **l'expression** » et « **l'assurance** ». Le premier terme est obligatoire lorsqu'on s'adresse à une autorité d'un rang supérieur pour qui la considération, le dévouement, le respect doit être tenu pour acquis et que l'on n'a donc pas à « assurer de ses sentiments ». Le terme assurance ne s'emploie qu'à l'égard des personnes d'un rang égal ou inférieur au signataire de la lettre.

Aussi, est-il besoin de rappeler que la bonne rédaction exige avant tout du rédacteur :

✓ une parfaite maîtrise de la langue dans laquelle on s'exprime ;

✓ une connaissance considérable des règles grammaticales ;

✓ une logique cohérente dans la juxtaposition des différentes idées etc.

Comme aucune œuvre humaine n'est jamais parfaite, je serai très heureux de recueillir les avis et suggestions que vous ferez dans le but de contribuer à l'amélioration du contenu du présent essai. /.

Bibliographie

- Rédaction administrative – Afrique, Jacques **GANDOUI** et Jean-Marie ROUSSIGNOL**,** Librairie Armand Colin, Paris, 1979 ;

- Plus de 1.000 manuscrits de lettres, notes verbales, mémorandums, rapports de missions, comptes rendu d'audience, notes de synthèses, notes d'information, notes techniques … rédigés par l'auteur et corrigés par ses chefs hiérarchiques durant la période de stage au Ministère guinéen des Affaires étrangères (de 1993 à 2003), soit dix ans d'expériences accumulées ;

- Raoul Delcorde, Les mots de la diplomatie, l'Harmattan, 2005 ;

- La lettre administrative, Université de Conakry, Centre d'Etudes de la langue française (**C.E.L.F**), Conakry, 2001 – 2002 ;

- Cours de grammaire pratique du Français (**GPF**) : Ponctuation et paragraphe, Institut supérieur de formation à distance (**ISFAD**), Conakry, 2003 – 2004 ;

- Yvan Bazouni, Le Métier de diplomate, Paris, L'Harmattan, 2005 ;
- Jean-Paul Pancracio, Dictionnaire de la diplomatie, Clermont-Ferrand, Micro Buss, 1998.

Biographie de l'auteur

- Diplômé de l'Université d'Etat de Kiev (1985 – 1991), faculté de Droit et de Relations internationales, option Relations internationales ;

- Boursier du Gouvernement Français à l'Institut International d'Administration Publique de Paris (IIAP) au Cycle court sur « La négociation diplomatique », du 17 avril au 12 mai 2000 à Paris (France);

- Boursier du Gouvernement Malaisien à l'Institut de formation des Professeurs de langues de Kuala Lumpur (IPBA - Malaisie) au Cours «Communication effective en anglais», du 1er au 30 juillet 2002 à Kuala Lumpur (Malaisie);

- Boursier du Gouvernement du Royaume du Maroc auprès du Ministère Marocain des Affaires étrangères et de la Coopération, du 28 mars au 28 avril 2005 à Rabat (Maroc) ;

    Objectif : S'enquérir de la pratique marocaine dans le cadre de la gestion des engagements internationaux de l'Etat et parvenir à l'élaboration d'un recueil des Accords, Conventions et Traités de la République de Guinée (de 1958 à nos jours) ;

- Boursier de l'agence Internationale de l'Energie Atomique (AIEA) pour le séminaire de Haut niveau sur la vérification multilatérale des efforts de non – prolifération nucléaire, du 14 au 16 mai 2007 au siège des Nations Unies à Vienne (Autriche) **;**

- Boursier du gouvernement de la République populaire de Chine pour prendre part au "Séminaire des Diplomates des pays africains francophones", du 03 août au 27 septembre 2010 à Beijing (Chine).

▶▶ Membre de la mission conjointe Ministère du Tourisme, de l'Hôtellerie et de l'Artisanat / Ministère des Affaires Etrangères effectuée à Banjul (République de Gambie), du 19 au 26 juin 2001, pour la finalisation des négociations du Protocole d'Accord de coopération sectorielle dans le domaine du tourisme et du circuit inter-Etat Guinée – Gambie ;

▶▶ Membre de la Délégation guinéenne à la réunion des Experts, préparatoire à la première Conférence Ministérielle de l'Organisation de l'Unité Africaine (**OUA**) sur la lutte contre la drogue en Afrique, du 06 au 11 mai 2002 à Yamoussoukro (République de Côte d'Ivoire) ;

▶▶ Membre de la Délégation guinéenne aux travaux de la Commission Tripartite : République de Guinée, République du Libéria et Haut Commissariat des Nations Unies pour les Réfugiés (HCR) pour le rapatriement librement consenti des Réfugiés Libériens, du 27 au 28 septembre 2004 à Monrovia (République du Libéria) ;

▶▶ Délégué de la République de Guinée aux travaux de la 13ème Session du Comité permanent du droit des marques, des dessins et modèles industriels et des indications géographiques, du 25 au 29 octobre 2004 à Genève (au siège de l'Organisation Mondiale de la Propriété Intellectuelle – **OMPI**), Genève (Suisse) ;

▶▶ Délégué de la République de Guinée aux travaux de la deuxième Conférence Ministérielle de l'Union Africaine sur la lutte contre la drogue en Afrique, du 14 au 17 décembre 2004 à Grand Bay (République de Maurice) ;

▶▶ Membre de la délégation guinéenne aux travaux de la Conférence des Nations Unies pour faciliter l'entrée en vigueur du Traité d'interdiction complète des essais nucléaires, du 21 au 23 septembre 2005 au siège de l'Organisation des Nations Unies (ONU) à New York (USA) ;

▶▶ Délégué de la République de Guinée aux travaux de la 94ème Session maritime de la Conférence internationale du travail, du 07 au 23 février 2006 à Genève (Suisse) ;

▶▶ Membre de la délégation guinéenne aux travaux de la 3ème Conférence des Etats Parties à la Convention de 1980 sur l'interdiction ou la limitation de l'emploi de certaines armes classiques, du 07 au 17 novembre 2006 à Genève (Suisse) ;

▶▶ Membre de la délégation guinéenne aux travaux de la 3ème Conférence de l'Union Africaine des Ministres en charge de la lutte contre la drogue et la prévention du crime, du 03 au 07 décembre 2007 au Siège de l'Union Africaine (**UA**) à Addis-Abeba (Ethiopie) ;

▶▶ Délégué du Gouvernement de la République de Guinée aux travaux de la 9ème Conférence des Parties à la Convention sur la Diversité Biologique, du 19 au 30 mai 2008 à Bonn (République Fédérale d'Allemagne) ;

▶▶ Délégué de la République de Guinée aux travaux de la 3ème Conférence des Etats Parties chargée de l'examen de la Convention sur l'interdiction ou la limitation de certaines armes classiques qui peuvent être considérées comme produisant des effets traumatiques excessifs ou comme frappant sans discrimination, du 07 au 17 novembre 2006 au Palais des Nations à Genève (Suisse) ;

▶▶ Membre de la délégation guinéenne aux travaux de l'atelier régional sur la mise en œuvre de la Convention-cadre de l'Organisation Mondiale de la Santé (**OMS**) pour la lutte antitabac, du 16 au 18 octobre 2008 au siège de l'Organisation Mondiale de la Santé à Genève (Suisse) ;

▶▶ Délégué de la République de Guinée aux travaux de la 2ème Session de l'Organe intergouvernemental de négociation d'un Protocole sur le commerce illicite des produits du tabac, du 20 au 23 octobre 2008 à Genève (Suisse). /.

Table des matières

Préface   5

Introduction   7

- ❖ Qu'est-ce que l'Administration ?   9
- ❖ Qu'entend-on par Administrations publiques ?   9
- ❖ Le préalable pour une bonne rédaction administrative   10
- ❖ Que suppose la rédaction ?   11
- ❖ Les cinq (5) étapes de la rédaction :
- 1 - Connaître, reconnaître, comprendre   11
- 2 - Rassembler les éléments, faits, évènements, idées   11
- 3 - Mettre en ordre, établir un plan   11
- 4 - La Rédaction proprement dite   12
- ❖ Le choix du ton   12
- ❖ Le rythme de la phrase   12
- 5 - Relire et corriger   13
- ❖ La lettre dans l'Administration   14

I - Lettre à forme personnelle   15
- ❖ Caractéristiques principales   15
- ❖ Les formules d'appel   17
- ❖ Les formules de courtoisie et de politesse   18
- ❖ Remarques   19
- ❖ Le traitement   20

II - Lettre à forme administrative   21
- ❖ Les mentions spécifiques et d'identification hiérarchique   22
  - Le timbre   23
  - La suscription ou réclame   24
  - Le « Sous-couvert »   25
  - La signature   26
  - Le pouvoir de signature dans l'Administration   27
  - Les mentions d'identification du document administratif   29
  - Le numéro d'enregistrement   30
  - Le lieu d'expédition et la date   31
  - Les initiales du rédacteur et de la dactylographe   32
  - L'objet   33
  - La référence   34
- ❖ Les mentions occasionnelles   35
- ❖ Les ampliations   36
- ❖ Les mentions circonstancielles à caractère exceptionnel   37

❖ Mentions destinées à attirer l'attention du destinataire	38
❖ Les mentions relatives au caractère confidentiel de la correspondance	40
❖ Le corps de la lettre	42
❖ Types de Lettres Administratives	43
❖ Classification des lettres à forme administrative	44
• La lettre d'accuser de réception	45
• La lettre de transmission	46
• La lettre de rappel	47
• La lettre circulaire	48
• L'instruction	49
❖ Méthodologie pour rédiger une lettre administrative	50
❖ Règles à respecter pour rédiger une lettre administrative	51
❖ Elaboration du plan	52
❖ Les composantes du plan	53
❖ Nuances de la hiérarchie dans la rédaction administrative	54
❖ Les principes de la rédaction administrative	55
A- Le respect de la hiérarchie	56
B - Le sens des responsabilités	61
❖ Nota Bene	62
C - La neutralité	63
❖ Les caractéristiques d'un écrit administratif	64
❖ Les qualités d'un écrit administratif	65
❖ Les principales qualités des documents administratifs	66
1- La dignité	66
2- Le respect de la hiérarchie	67
• Quelques tournures et nuances exprimant le respect de la hiérarchie	68
3- Le sens des responsabilités	69
➤ Illustration de la responsabilité	70
4- L'objectivité	71
➤ Modèles d'objectivité (Suite)	72
5- La courtoisie	73
➤ Modèles d'expressions de courtoisie	74
6- La prudence	75
➤ Modèles exprimant la prudence	76
7- La précision et l'exactitude	77
❖ Un document administratif est un instrument par excellence de travail	78
a - Exigence	78
b - Moyens	78
c - Exclusions	78
➤ Modèles exprimant la précision et l'exactitude	79
8 - La clarté, la concision, l'efficacité	80
9 - L'homogénéité	81
❖ La Note administrative	82
❖ Divers types de Notes	83

III - La correspondance diplomatique   **84**
   1 - La Note verbale   85
   ❖ Rédaction de la Note verbale   87
   ❖ Inclus dans le corps de la note verbale   88
   ❖ Formule finale d'une Note verbale   89
   2 - Les mémoires, aide-mémoires ou mémorandums   90
   ❖ Les mémoires   91
   ❖ Le Mémorandum ou aide-mémoire   92
   3 - La lettre officielle   93
   ❖ Quelques formules finales d'une lettre officielle   94

IV - La ponctuation   **95**
   ❖ Définition de la ponctuation   95
   ❖ Origine de la ponctuation   95
   ❖ Caractéristiques   96
   ❖ Les rôles de la ponctuation   96
   ❖ Le sens de la ponctuation   96
   ❖ Les principaux signes de ponctuation   97
   ❖ La virgule   98
   ❖ Le Point (.)   99
   ❖ Le Point virgule (;)   100
   ❖ Le Point d'interrogation (?)   101
   ❖ Le Point d'exclamation (!)   102
   ❖ Les Deux points (:)   103
   ❖ Les points de suspension (…)   104
   ❖ Les Parenthèses ( )   105
   ❖ Les Guillemets (« »)   106
   ❖ Les Crochets ([ ])   107
   ❖ Les tirets (_)   108
   ❖ Les Traits d'union (-)   109

V - Structuration d'un texte écrit   **110**
   ❖ Les articulateurs logiques   110
   ❖ Principaux articulateurs et leur utilisation   111
   ❖ Quelques termes d'articulations difficiles   115
   ❖ Quelques éléments d'explication   116
   ❖ Enfin   116
   ❖ Finalement   116
   ❖ Par ailleurs   117
   ❖ D'ailleurs   117
   ❖ En effet   118
   ❖ En fait   118
   ❖ Certainement   119
   ❖ Certes   119
   ❖ Opposition   120

- ❖ Concession — 120
- ❖ Vocabulaire complémentaire — 121
  - ❖ Formules de description et d'explication — 121
  - ❖ Formules exprimant un commentaire ou un jugement — 122
  - ❖ Formules exprimant des propositions — 123
- ❖ Le paragraphe — 124

VI - La correspondance : formules d'appel — 125
- ❖ Personnes privées — 125
- ❖ Les Autorités religieuses — 126
- ❖ Les Autorités politiques — 127
- ❖ Les Autorités diplomatiques et consulaires — 128
- ❖ Personne du sexe féminin — 128
- ❖ Quelques formules introductives de lettres — 129
- ❖ Quelques formules de refus à une requête — 133
- ❖ Quelques tournures du vocabulaire administratif — 133
- ❖ Pour exposer un problème — 133
- ❖ Pour exprimer certains rapports de pensée — 134
- 1 - La cause — 134
- ❖ Pour exiger un choix — 135
- ❖ Pour exprimer certains rapports de pensée — 135
- 2 - La conséquence — 135
- ❖ Pour exprimer certains rapports de pensée — 136
- 3 - Le but — 136
- ❖ Pour qualifier une relation — 136
- ❖ Pour particulariser une idée — 137
- ❖ Ce qu'il faut éviter dans la rédaction — 137
- ❖ Ce qu'il faut utiliser de moins en moins — 137
- ❖ Pour indiquer les étapes de l'exposé — 138
- ❖ Vocabulaire de compte rendu et du Procès-verbal — 139
- ❖ Classification des lettres administratives — 140
- ❖ Emploi de l'expression ci-joint — 140
- ❖ Traitement de personnes dans le corps d'une lettre — 141
- ❖ Corrélation entre la formule d'appel et la formule de courtoisie — 143

VII - Les formules de traitement — 144
- ❖ Quand le supérieur s'adresse au subordonné — 145
- ❖ Quant le subordonné s'adresse au supérieur — 145
- ❖ Les formules de politesse — 146
- ❖ Quelques formules de politesse — 148
- ❖ A retenir — 151

VIII - Conseils pratiques à retenir — 153
- ❖ Quelques conseils et recommandations — 154
- ❖ Conseils pratiques à l'attention des Diplomates — 155

- ❖ Rencontre avec des étrangers : conseils pratiques — 156
- ❖ Dans les audiences et conversations officielles — 157
- ❖ Conseils pour réussir dans la carrière diplomatique — 158
- ❖ Réunions et discussions — 160
- ❖ Autres conseils pratiques — 161

Conclusion — **163**

Bibliographie — **167**

Biographie de l'auteur — **169**

L'HARMATTAN, ITALIA
Via Degli Artisti 15 ; 10124 Torino

L'HARMATTAN HONGRIE
Könyvesbolt ; Kossuth L. u. 14-16
1053 Budapest

L'HARMATTAN BURKINA FASO
Rue 15.167 Route du Pô Patte d'oie
12 BP 226 Ouagadougou 12
(00226) 76 59 79 86

ESPACE L'HARMATTAN KINSHASA
Faculté des Sciences sociales,
politiques et administratives
BP243, KIN XI
Université de Kinshasa

L'HARMATTAN CONGO
67, av. E. P. Lumumba
Bât. – Congo Pharmacie (Bib. Nat.)
BP2874 Brazzaville
harmattan.congo@yahoo.fr

L'HARMATTAN GUINÉE
Almamya Rue KA 028, en face du restaurant Le Cèdre
OKB agency BP 3470 Conakry
(00224) 60 20 85 08
harmattanguinee@yahoo.fr

L'HARMATTAN CÔTE D'IVOIRE
M. Etien N'dah Ahmon
Résidence Karl / cité des arts
Abidjan-Cocody 03 BP 1588 Abidjan 03
(00225) 05 77 87 31

L'HARMATTAN MAURITANIE
Espace El Kettab du livre francophone
N° 472 avenue du Palais des Congrès
BP 316 Nouakchott
(00222) 63 25 980

L'HARMATTAN CAMEROUN
BP 11486
Face à la SNI, immeuble Don Bosco
Yaoundé
(00237) 99 76 61 66
harmattancam@yahoo.fr

L'HARMATTAN SÉNÉGAL
« Villa Rose », rue de Diourbel X G, Point E
BP 45034 Dakar FANN
(00221) 33 825 98 58 / 77 242 25 08
senharmattan@gmail.com

653618 - Mai 2016
Achevé d'imprimer par